CONVERSATIONS
Thirty Conversations with a Missionary : Helping Churches Operate Like One

30
재생산 키워드

CONVERSATIONS
Thirty Conversations with a Missionary :
Helping Churches Operate Like One

Copyright © 2017 JJ Farmer.

All rights reserved. No part of this book may be used or reproduced by any means, graphic, electronic, or mechanical, including photocopying, recording, taping or by any information storage retrieval system without the written permission of the author except in the case of brief quotations embodied in critical articles and reviews.

"Scripture quotations are from the ESV® Bible(e Holy Bible, English Standard Version®), copyright © 2001 by Crossway, a publishing ministry of Good News Publishers. Used by permission. All rights reserved."

www.thehealthydisciple.org, www.zhenlixiangmu.com, www.thehealthydisciple.com
WestBow Press books may be ordered through booksellers or by contacting :

Westbow Press
A Division of Thomas Nelson & Zondervan
1663 Liberty Drive
Bloomington, IN 47403
www.westbowpress.com
1(866) 928-1240

Because of the dynamic nature of the Internet, any web addresses or links contained in this book may have changed since publication and may no longer be valid. e views expressed in this work are solely those of the author and do not necessarily re ect the views of the publisher, and the publisher hereby disclaims any responsibility for them.

Any people depicted in stock imagery provided by inkstock are models, and such images are being used for illustrative purposes only.

Certain stock imagery © inkstock.

ISBN : 978-1-5127-9096-2 (sc)
ISBN : 978-1-5127-9097-9 (hc)
ISBN : 978-1-5127-9095-5 (e)

Library of Congress Control Number : 2017909302

Print information available on the last page.

WestBow Press rev. date : 06/09/2017

CONVERSATIONS
Thirty Conversations with a Missionary : Helping Churches Operate Like One

30
재생산 키워드

J. J. 파머 지음 / 설훈 옮김

요단
JORDAN PRESS

역자 서문

평생을 교회와 더불어 살아온 나의 가슴에 떠나지 않는 한 가지 결심이 있다면, 다음과 같은 고백일 것입니다: "교회가 잘 될 수 있다면, 무엇이든 하리라!" 목회자로 섬겨본 사람은, 교회를 개척해 본 사람은 공감할 것입니다. 예수님의 핏값으로 사신 바 된 교회이기에, 교회는 잘 될 수밖에 없습니다. 그러나 그렇게 되기까지 나의 역할은 무엇인가를 늘 되짚어 보았습니다. 젊은 시절 불타는 헌신으로 조국 교회를 섬기다가, 도미하여 이민교회를 개척하고 섬겼고, 중년을 넘긴 나이에 선교 현장에 뛰어들어, 십자가의 복음을 증거하며, 교회개척 사역에 몸담고 있는 나에게 여전히 떠나지 않는 화두는 "교회가 잘 될 수 있다면…"입니다.

『30, 재생산 키워드』는 책상 위에서가 아니고, 선교 현장, 목회 현장에서 몸으로 써 내려간 사역의 노하우입니다. 책의 결론은 건강한 교회, 재생산하는 제자입니다. 이 결론을 내리기까지 현장에서 겪었던 여러 가지 사례들과 영적 열매들을 소개하고 있습니다. 이 열매들이 오늘날 한국의 상황 속에서 어떻게 적용되어 동일한 열매를 맺을 수 있을까를 고민하며 이 책을 번역했습니다. 이 책은 시작에 불과합니다. 저자가 지펴놓은 불씨가 한국교회에 피어올라, 조국 대한민국이 다시 한번 부흥하여 하나님께 쓰임 받기를 소원합니다. 물이 바다를 덮음같이 여호와를 아는 지식이 온 세상에 가득한 그날이 이르기까지, 주께서 우리 민족을 다시 한번 사용해 주시기를 기도합니다.

저자 서문

선교사는 괴짜다. 정말 그렇다. 선교사는 하나님 나라를 확장하는 일에 기도하고, 헌금하고, 현장으로 달려가는 것 그 이상으로 독특하고, 역동적인 삶을 살아간다. 그런 선교사들 중에 한 사람이었던 필자는 아시아에서 불과 5년 동안 500개 이상의 교회를 개척할 수 있었다. 이 일이 어떻게 가능했을까? 대답은 명백하다. 제자를 삼고, 새롭고 건강한 교회를 개척하고, 의도적으로 제자훈련에 임하고, 그와 동시에 또 다른 제자들을 삼게 하라는 성경의 패턴을 따르면 된다. 이런 식의 제자훈련은 유기적인 특징을 가진다. 제자가 제자를 삼는 일이 일상 생활과 일상 사역 속에서 유기적으로 일어난다. 반복하지만, 이 제자훈련은 의도적인 특징을 갖는데, 제자양육이 하나의 시스템으로 자리잡아, 의도된 제자훈련이 일어나게 되는 것이다. 이 때문에 이 과정을 의도적이며, 동시에 유기적이라고 표현한다. 이 책에 나타나는 대화는 이런 과정 속에서 이루어졌다. 이 대화들은 납득할 수 있는 원리들을 교회 지도자들과 나눈 것이고, 사역의 현장에서 사용될 수 있으며, 이를 통해 모든 사람들이 잘 훈련되어 괴짜 선교사인 필자처럼 쓰임 받을 수 있다.

효과적으로 일하는 선교사들은 그들의 선교 현장에서 일반 사람들과는 다른 관점으로 사역 현장에 접근한다. 선교사들이 사역할 때 감당할 수 없는 역경에 직면하기도 하고 이방인처럼 외롭게 살아가기도 한다. 이방인의 관점이 선교사에게 하나님 나라를 막는 장애물들을 식별할 수 있는 기회를 주기도 하지만, 때로는 현지에 이미 적응돼버린 선교사에게는 장애물들을 못 보게 할 수도 있다. 모든 민족을 제자 삼는 선교사의 역할 중 하나는 그들을 파송한 교회에 복이 되게 할 뿐 아니라, 그들이 파송된 교회에도 복이 되게 하는 것이다(그들이 가는 곳에 교회가 있다면). 이 괴짜 선교사(필자)도 아시아와 서방에서 너무나 훌륭한 하나님의 백성들과 함께 협력할 수 있었던 축복의 기회를 가졌다. 필자는 이 책에서 아시아에서 행했던 수많은 대화들을 압축해, 이를 전환시켜 서방에서도 사용할 수 있게 했다. 여기에 나오는 대화들은 한 사람과 대화 한 것도 아니고, 한 가지 상황에서 일어난 일도 아니다.

  필자 역시 그런 선교사들 중 하나에 불과하다. 여기서 나누는 대화는 다른 배경, 다른 나라, 다른 대륙, 다른 언어, 다른 경제적 상황에서 생겨난 것이다. 이 대화는 성령의 역사로 말미암아 하나의 아이디어에서 시작하여 생명력 있는 힘으로 자라왔고, 아시아에서 수많은 믿는 자들을 일으키는 결과를 가져왔고, 불과 5년 동안에 2백만명 이상의 사람들에게 복음을 전할 수 있었다.

또한 이 선교사와의 대화는 2천 명 이상의 신자들이 교회의 지도자로 세워지게 했던 강력한 도구가 되었다. 필자는 하나님의 은혜로 현지 동역자들을 통해 많은 은혜를 경험했고, 6백여 개의 교회가 개척되어, 같은 신앙을 가지며 4세대 이상의 믿음의 후손들이 자라는 것을 볼 수 있었다. 이 대화는 영혼의 불씨가 되어 수 만 명의 사람들의 마음을 움직여, 그들의 삶을 변화시킬 영원한 인생의 길로 인도해 주었다.

지난 5년간 괴짜인 이 선교사(필자)가 우르바누스 (Urbanus) 라고 불리는 지역에서 사역한 결과, 아시아 지역에서 3만 5천 명 이상의 사람들이 주님을 믿었다. 이 협력 사역은 체계적인 신학훈련을 하기 위해 아시아에 와서 우리를 도왔던 수많은 교회 지도자들과 목회자들과 더불어 이룩했다.

그 대화 속에서 배웠던 교훈들을 이제 문을 열어 꺼내 보겠다. 이것들은 아시아의 동역자들과 함께 했던 경험과 훈련들의 열매인데, 이제 서방에 다시 전달하게 되었다. 우리의 목표는 아시아에서 오랫동안 협력했던 형제, 자매들에게 축복이 되는 것이다. 이 대화가 서방의 영혼들을 찾아 구원하는 일뿐 아니라, 건강하고, 지속적이고, 재생산하는 제자훈련과 교회를 개척하는 일에 하나님의 인도를 따르는 역동적인 사역이 되고, 비전을 세워주는 전략이 되길 바란다.

이 책은 본래 제목은 『괴짜와의 30가지 대화』였지만, 책의 내용에 대해 오해의 소지가 있어서 제목을 바꾸기로 했다. 그러나 필자는 괴짜 선교사이며, 이 책 안에 있는 모든 대화와 도구와 아이디어들이 하나님께서 당신을 부르셔서 어떤 사람이 되길 원하시고, 당신을 통해 어떤 일을 하시고자 할 때 유익한 자료가 되기를 바란다. 여러분의 편의를 위해서 여러 가지 대화들을 하나로 연결하여 배열하였다.

이 책에서 언급한 모든 자료들은 www.thehealthydisciple.com에서 무료로 사용할 수 있다.

사용 수칙

간결하게 만들기 위해 여기에 나오는 대화의 중요한 부분만을 이 책 안에 수록했다. 어떤 대화들은 몇 시간 혹은 몇 일씩 걸리는 장시간을 요하는 대화이지만, 여기서는 요약된 것이거나, 혹은 중요한 부분만을 발췌했다.

모든 대화들이 실제로는 수 천배는 아니더라도 수 백배 이상 되는 많은 분량이었는데, 모두가 실제 있었고, 지금도 계속되고 있는 이야기들이다. 필자가 이 주제에 대해서 다른 사람들과 이야기할 때마다, 새로운 것들을 배우게 된다. 필자가 배웠던 것들을 연속된 대화와 전략으로 만들었다. 이 책에 나오는 대부분의 대화들은 당시 실제로 나누었던 것들이고, 여러 번 교정되고 다듬어진 것들이다.

대화 중에 어떤 것도 디지털식으로 녹음된 것은 아니다. 여기 기록된 것은 당시 있었던 일들 혹은 대화들을 최대한 재현한 것들이다. 이 대화들은 당시 논의되었던 문제들에 대한 본질을 다뤄보고자 했다.

대부분의 대화들은 다른 언어로 소통한 것들이다. 각 대화의 중요한 포인트들은 외국 청중들과 잘 소통될 수 있도록 번역되었다.

모든 포인트마다 신학적 설명을 충분히 할 수는 없었다. 평범한 내용들이라도 성경에서 다루어지는 중요한 것들로 받아들이고자 최선을 다했다. 각각의 대화 내용 속에는 다른 사람들로 하여금 하나님을 의존하고, 하나님의 말씀을 사랑하기 위한 목적으로, 추상적인 내용 보다 분명하고, 간결하게 소통하고자 노력했던 나의 열망이 반영되어 있다.

이 사역을 통해 바라는 한 가지 열망이 있다면, 그것은 모든 사람들을 축복하고, 사랑하고, 섬기고, 권면하여 그들이 하나님으로부터 부름 받아 해야 하는 일들을 개인적으로나 공동체적으로 다 할 수 있게 하는 것이다.

이 사역의 유일한 목표는 재생산에 있다. 모든 사람들이 복음을 듣고, 그 복음에 반응할 수 있는 기회를 갖길 바란다. 또한 믿는 자들을 제자 양육하고, 성경을 믿는 교회를 세워 성경적인 지도자들을 배출해야 한다. 그리고 그들이 더 많은 교회를 세우고, 그 교회는 더 많은 제자들을 양육해야 한다. 이렇게 양육된 제자들은 열방이 주님의 제자들로 가득할 때까지 더 많은 사람들에게 복음을 전해야 한다. 우리는 이것을 목표로 사역한다.

목차

역자 서문 004
저자 서문 006
사용 수칙 010

1. 무엇을 도와드릴까요? 015
2. 많은 새신자, 적은 제자 020
3. 제자란 무엇인가? 029
4. 건강한 제자 도식 041
5. 건강한 제자 훈련 047
6. 다섯 단계 : 진단과 협력의 도구 056
7. 다섯 단계 도표 066
8. 인-앤-아웃의 균형 069
9. 리더 훈련 전략 : 세 개의 다리를 가진 의자 074
10. 하나님의 비전이란 무엇인가? 081
11. 훈련계획 수립 095
12. 훈련계획 수립 2차 102
13. 사전 학습 : 사전 학습을 하는 이유 106
14. 선교사에 대한 부정적 편견 112
15. 모든 사람이 전도하게 한다 120

16	재생산하는 신학 훈련 128
17	리더를 훈련하는 리더 135
18	왜 재생산인가? 139
19	계획 수립 145
20	진단 도표 152
21	하나님 나라 확장 전략 1, 2 162
22	복을 주기 위해 복을 받다 167
23	하나님의 비전을 먼저 그리고 자주 제시하라 174
24	축복하고, 사랑하고, 섬기고, 권면하라 : "BLSP" 177
25	당신의 가족을 사랑하는 이유 181
26	건강한 교회 186
27	통계와 전략과의 관계 194
28	선교사는 왜 전략으로 교회를 도와야 하나? 198
29	동원 203
30	자격 없어도 전하라 207

실제적 적용 : 괴짜 선교사의 기도! 212

이 사역을 통해 바라는 한 가지 열망이 있다면,
그것은 모든 사람들을 축복하고, 사랑하고, 섬기고, 권면하여
그들이 하나님으로부터 부름받아 해야 하는 일들을
개인적으로나 공동체적으로 다 할 수 있게 하는 것이다.

01
"무엇을 도와드릴까요?"

훈련을 좋아하는 내가 전에 배운 바에 따르면, 가장 효과적인 교수법은 개방형 질문으로 가르치는 것이다. 그것이 예수님께서 하신 방법이다. 하나님께서 우리에게 주신, 미래의 지도자인 교회 리더들과 마주 앉았을 때, 먼저 이런 질문을 던지면서 모임을 시작한다.

소파에 앉아있던 현지 형제의 눈을 보면서 이렇게 물었다. "지금 제일 필요로 하는 것은 무엇인가요?" 별로 신경 쓰지 않는 듯이 그에게 물었다.

아파트 밖에는 눈이 내리고 있었고, 구름 낀 날씨에서 새어 나오는 흐린 햇빛이 방을 가득 채웠다.

그 친구는 자그맣고 흰 탁자 위에 찻잔을 내려놓고, 내 질문에 답하는 대신 내게 물었다. 이 세상에서 배우기 가장 어려운 언어 중 하나로 이렇게 질문했다.

| 친구 | 나에게 무엇이 필요하냐고 물었는데, 사역의 필요를 말하는 거예요, 아니면 개인적인 필요를 말하는 거예요?
| 나 | 무엇이든지요. 지금 당신에게 제일 필요로 하는 것은 무엇입니까?
| 친구 | 사역에서 필요로 하는 것은 상당히 많아요. 제 개인적인 필요도 많고요. 무엇부터 듣고 싶으세요?
| 나 | 무엇이든 괜찮아요. 제일 필요한 것이 무엇입니까?
| 친구 | 좋아요. 전에 이렇게 물어본 사람은 없었어요. 제일 필요로 하는 것을 당신에게 말해 주기를 원하십니까?
| 나 | 네!

뭔가 연결된다는 확신이 들었지만, 그의 문화를 잘 몰라 행여 넘지 말아야 할 선을 넘지 않았는지 걱정됐다.

| 친구 | 필요한 것이 너무 많습니다! 사역에서 필요한 것부터 시작하겠습니다. 우리 교회의 리더들은 훈련이 부족해요. 하나님의 말씀을 사랑하지만 어떻게 하나님의 말씀을 적용해야 할지, 어떻게 설교해야 할지 몰라요. 교회도 영적으로 성숙하지 못했어요. 복음 증거의 열정이 식을까 염려됩니다. 교회를 분립하고, 더 많은 동역자들을 세우려고 애쓰고 있습니다. 그리고 새로 믿게 된 사람들을 어떻게 제자로 양육해야 할지를 고민하고 있어요. 많은

사람들을 주님께로 인도하지만, 한편으로는 많은 사람들이 떠나고 있습니다. 믿는 사람들의 결혼생활도 좋지 않아요. 안 믿는 사람들과 비교해 볼 때 특별히 더 나은 것도 없습니다. 재정도 부족하고, 자원도 부족하고, 훈련도 못 시키고 있습니다.

그가 지금 무슨 말을 하고 있지? 뭐라고 말을 하는데 도무지 알아들을 수 없었다. 어떻게 하나! 그가 말하는 것들을 절반도 이해하지 못했다. 당황하지 말자! 그렇게 마음먹었다.

나 조금 천천히 말해 주겠어요? 하나씩 포인트를 말해 주시면, 제가 노트에 적겠습니다.

당황하고 있는 상황에서 그의 말을 절반 밖에 이해하지 못한다는 것을 그에게 말하고 싶지 않았다. 그가 한 가지씩 반복해서 말해줬고, 그것들을 적어 내려갔다.

나 와! 정말 많군요. 이것들을 한번에 다 할 수는 없지만, 우선순위를 정해서 할 수 있는 것이 무엇인지 찾아보겠습니다.
친구 좋아요. 하지만…
나 왜요?
친구 그보다 먼저 제 개인적으로 원하는 것을 말해도 돼요?

나	물론이지요.
친구	아내의 입술이 잘 마르고 갈라져요. 말할 때마다 힘들어해요. 여기에서 구입하는 약은 효과가 없는데, 좋은 약이 있나요?
나	그럼요. 잠깐만 기다려요. 갔다 올게요.

침실로 뛰어가서, 텍사스 출신인지라 날씨가 추울 때면 갈라지는 입술을 대비해서 사온 연고(카르멕스) 서른 개 중 두 개를 가지고 나왔다. 이 친구에게 사용법을 알려주자, 큰 흥미를 보이며 내 옆에 다가와 앉았다.

친구	이거 정말 좋네요? 개인적인 필요가 해결됐어요. 이제 사역 얘기를 하겠습니다. 지금 시점에서 전도와 제자훈련이 무엇보다도 필요합니다. 그 다음으로는 결혼과 가정생활 훈련, 목회방법 등을 개발하는 거예요. 이것들을 도와줄 수 있는 방법이 있습니까?
나	물론이지요.

그는 아주 놀라는 표정이었다. 새 친구는 여러 교회를 담당하고 있었고, 나보다도 더 많은 목회의 경험을 갖고 있었다. 그는 다른 교회 리더들이 말하지 않았던 것들을 나에게 말해주었다.

친구 우리를 도와줄 수 있나요?

나 제가 도와 드리겠습니다.

다양하고 효과적인 방법으로 전도하여, 성숙한 제자를 배출하기 위해, 우리는 교회의 리더들을 정기적으로 훈련하는 계획을 세웠다. 모든 교회가 관계 전도에 참여할 수 있게 했다. 우리는 그것을 '안드레 프로젝트'[1]라고 불렀다. 이 프로젝트는 교회의 필요에 따라 넉 달에서 아홉 달 코스로 진행하는 방식이다.

그때 전도훈련을 정말 많이 했다. 각기 다른 배경을 가진 여러 교회를 대상으로 조사했다. 조사 결과, 규칙적으로 전도하는 것을 어렵게 만드는 32가지의 원인들을 발견했다. 교회의 리더들을 소그룹으로 만들어 격주로 우리 집에서 모임을 갖기로 했고, 이 훈련의 지침에 충실하게 순종할 것을 다짐하게 했다. 우리와의 관계가 좋아지면서 훈련방법과 전략효과도 좋아졌다. 그들의 교회들이 놀랍게 성장하게 되었고, 9개월의 훈련기간 동안 4세대 영적 번식과 3세대 교회 개척이 일어났다.

---

1) 대화 15에 더 자세히 언급되어 있다.

02
" 많은 새신자, 적은 제자 "

　외부에서 들려오는 큰 소리들이 내부의 열악한 환경과는 대조되었다. 낡은 식탁의 앞에 앉아 목사 부부와 대화 중에, 그 낡은 식탁은 내 몸 안에 흐르고 있는 아드레날린과 넘치는 의욕과 묘한 대조를 이루고 있었다. 그들은 지금 우리가 토의하는 것이 무엇인지를 분명히 알고 있었다. 그들과 이런 대화를 할 수 있으리라고는 전혀 예상하지 못했다. 지난 6개월 동안, 우리는 단지 하나님의 비전과 대위임령의 말씀을 나눈 것뿐이었다. 그러나 지금은 본질에 가까이 와 있었다.

나　　주변을 한번 보세요. 교회 안에 많은 새신자들이 있다는 것을 알고 있어요. 하지만 제자는 아주 적어요. 동의하십니까?

그들　전적으로 동의해요.

나　　이대로 가도 될까요?

그들　물론 아니지요. 그런데 어떻게 해야 하나요?

나	이제는 건강한 제자로 자라게 하고, 키우고, 세우는 체계적인 노력이 필요합니다. 체계적으로 제자를 훈련하는 이런 계획을 가지고 있습니까?
그들	없어요.
나	사람들이 새롭게 믿게 될 때 시작하는 제자훈련 첫 과정이 무엇인가요?
그들	먼저 전화번호를 받고, 교회로 오라고 말해요. 그러고 나면 침(세)례를 주지요.
나	나에게 이런 계획이 있어요. 제자로 자라고 리더가 되게 하는 보다 융통성 있는 계획입니다. 제자로 자라서, 리더가 되어 더 많은 소그룹을 시작하고, 교회를 개척할 수 있게 해 주지요. 그러면 그들이 또 다른 제자가 되고, 더 많은 소그룹과 교회를 개척할 수 있게 돼요. 이 계획에 관심이 있으세요?
그들	관심이 아주 많지요. 모든 열방을 제자로 삼기 위해서 무엇을 해야 할까요?
나	대위임령의 핵심은 바로 "모든 민족을 제자 삼으라"라는 말씀이에요. 하박국 2:4말씀과 같이 물이 바다를 덮음 같이 여호와의 영광이 온 땅에 가득하게 하기 위해서 해야 할 두 가지[2] 일이 있습니다.

---

2) 대화8에 더 자세하게 언급되어 있다.

그들   그 두 가지가 무엇인가요?

나   질과 양입니다. 질적으로 수준 있는 제자를 삼아야 해요. 제자는 하루아침에 만들어지는 것이 아닙니다. 제자는 땀과 눈물과 핏방울을 먹으며 자라요. 이와 동시에 우리에게 주신 명령은 그런 제자들을 한두 명만 만들라는 것이 아니에요. 열방을 제자로 삼아야 해요. 다시 말해 수량입니다. 우리는 모든 열방을 제자로 삼아야 해요. 모든 열방을 새신자로 삼는 것도 아니고, 단지 소수만 제자 삼는 것도 아니에요. 주님께서 우리에게 주신 목적을 이루기 위해서 우리의 사역은 질과 양, 이 두 가지가 균형을 이루어야 해요. 제자란 무엇인가요?

그들   양이라면, 구체적으로 무슨 뜻인가요?

나   저는 많은 사람들이 복음을 광범위하게 전하는 것을 보았어요. 그들은 많은 사람들을 접촉하지요. 그러나 그 사람들을 제자로 자라게 하는 체계적인 제자훈련 계획이 없어요. 그렇게 되면, 대부분 소수만이 믿음으로 돌아올 수 밖에 없지요. 양이라는 측면에서 볼 때, 열쇠는 결국 재생산이에요. 사도 바울의 사역을 분석해 보세요. 거기에는 재생산의 패턴을 볼 수 있어요. 하나님께서 우리에게 복을 주시고, 우리는 그 복을 다른 사람에게 전하는 것은 당연한 일이에요. 이런 식으로 우리가 받은 것을 다른 사람에게 전해서, 그들이 똑같은 일을 할 수 있게 하는 것입니다. 디모데후서 2:2에 나오는 것처럼, 우리는 이것을 3-2 원리(Triple Two

Principles)라고 불러요. 이런 식으로 해야 할 일들이 행해지도록 하지요. 그러면 다른 사람들도 같은 일을 할 수 있어요. 다른 사람들이 할 수 없다면, 그것을 재생산이라고 말할 수 없어요. 그러나 우리가 하는 모든 것들을 다 재생산하는 것은 아니에요. 재생산할 가치가 있는 것들만 재생산합니다. 그러므로 이 과정에서 중요한 것이 질이에요.

그들: 좋아요. 질에 대해서 좀 더 설명해 주겠어요?

나 제자들을 건강한 제자로 자라게 해야 해요. 이를 위해서, 다른 사람들에게 좋은 영향을 줄 수 있는 건강한 리더가 필요해요. 그들은 또한 건강한 교회를 세울 수 있겠지요. 건강한 요소들을 자라게 하고, 건강한 제자들이 되고, 건강한 교회가 되도록 힘써야 해요. 제자훈련의 과정 속에는 다섯 가지 중요한 단계가 있는데, 각 단계마다 건강 정도를 진단하는 진단 차트가 있어요. 두 번째 단계는 영적 어린아이와 그들의 필요가 무엇인지 보여 주고, 세 번째 단계에서는 성숙한 제자와 그들의 필요를 보여 줍니다. 새신자 단계 혹은 제자 단계에 있는 사람들에게 때에 맞춰 전략적으로 적절한 말씀을 제공해 주어야 해요. 그와 더불어 새신자들의 영적 근육을 강화시켜, 가능한 빨리 그들을 사역에 참여시켜야 해요. 어린 아이 상태로 계속 머물게 해서는 안 되요. 자라야 해요.

그들: 정말 어마어마 하군요. 그렇게 되어야 해요. 전반적인 성장 과

정에서 어떻게 하면 적절한 말씀을 때에 맞춰 제공할 수 있을까요?

나 좋은 소식이 있어요. 성경을 해석하고 적용할 때, "중요한 것은 평범한 것"이라는 원리를 기초로 해서 만든 자료가 있어요. 마태복음 28:20에 기록된 대위임령의 말씀은 순종을 요구해요. 하지만 이 천 년이 지난 오늘도 교회는 주님의 명령을 순종하지 않고 있지요. 신명기 29:29은 하나님께 속한 이 모든 신비와 비밀들은 영원히 우리와 우리 자손에게 속한 것이라고 말합니다. 그러므로 우리는 율법에 기록된 모든 말씀에 순종해야 합니다. 고린도전서 4:6의 말씀처럼, 기록된 말씀 밖으로 넘어가지 말고, 서로 대적하여 교만한 마음을 가져서는 안 됩니다. 하나님의 말씀이 하라고 명령하는 것들에 초점을 맞추고 순종해야 해요. 주님께서 주신 모든 명령의 기본을 마친 다음에 좀 더 '깊은' 단계로 넘어가야 해요. 여기서 말하는 훈련 코스는 각 단계마다 여섯 개의 중요한 경로가 있어요. 이것들은 모두 생활에 적용할 수 있고, 이해하기 쉬운 것들이지요. 물론 이것들도 재생산을 염두에 두고 만들었습니다.

〈다섯 단계〉

가장 중요한 "활동"

| 믿음 | 성실 | 순종 | 구비 | 비전 캐스팅 |

가장 "필요"한 것

| 복음 | 훈련 | 구비 | 기술 | 연장 교육 |

하나님과의 관계

| 분리됨 | 하나님의 자녀 | 하나님의 친구 | 하나님의 종 | 하나님의 종 |

| 불신자 → 회심자 → 제자 → 리더 → 훈련자 |

교회에서의 역할

| | 참여 | 훈련 | 감독/모본 | 감독/모본 |

영적인 은사

| | 발견 | 활용 | 찾음/사용 | 찾음/사용 |

교회에서의 주된 책임

| | 전도 | 섬김 | 구비/보호 | 훈련/리더 훈련 |

성령께서 원하신다면, 이들이 가능한 한 빨리 리더로 성장되기를 원합니다. 각 과에서 요구하는 범위 이상을 넘어가지 않도록 하고, 이단의 교리를 가르쳐서는 안되겠지요. 당신이 코스 전 과정을 보면, 무엇을 가르치려고 하는지를 알게 될 겁니다.

그들   전체 몇 개의 코스가 있나요?
나   2단계, 3단계는 5년 반 기간이 필요하구요, 4단계, 5단계를 위해서는 다시 6년이 걸려요.

그들 와! 많군요. 어디서 시작하나요?

나 제 생각에는 『건강한 제자』부터 시작해야 한다고 봐요. 그래야 모든 사람들이 마지막 목표가 무엇인지 알 수 있어요. 목표는 제자가 제자를 만들고, 그 제자가 다른 제자를, 다른 제자가 또 다른 제자를 만드는 것이에요. 제자들은 자신들의 목표가 무엇인지를 분명하게 알아야 해요. 제자훈련의 공통된 영역들을 다섯 개의 부분으로 압축할 수 있어요. 이 다섯 가지 영역이 골고루 균형을 이룬다면 건강하게 성장하게 돼요. 건강한 것은 자라게 되어 있잖아요.

그들 정말 그럴 듯 하군요. 어떻게 시작할 수 있을까요?

나 『건강한 제자』는 모두 16과로 구성되어 있어요. 매주 한 과씩 끝낸다면, 넉 달이면 다 마칠 수 있겠지요. 저는 리더를 훈련하는 리더가 되도록 훈련해요. 이 훈련에 참석하는 사람들은 기존의 리더이거나 혹은 촉망 받는 리더여야겠지요. 이 기준에 근거해서 훈련할 사람들을 택해야 합니다. 최종 목적은 소그룹 안에서 다른 사람들을 훈련할 수 있는 훈련자를 세우는 거예요. 그래서 그들이 다른 소그룹을 시작하게 하는 것이지요. 어떻게 생각하세요?

그들 우리는 이전에 소그룹을 해본 적이 없거든요. 하지만 의욕이 나는 걸요. 소그룹을 어떻게 만들어야 하나요?

| 나 | 그것은 또 다른 훈련 과정입니다. 이것도 앞으로 다룰 겁니다. 그러면, 이 자료를 가지고 제가 당신 부부부터 훈련해도 되겠어요? |

| 그들 | 네! |

| 나 | 당신 부부부터 시작하는 것이 가장 좋아요. 제가 두 분을 훈련하는 동안, 두 분은 소 그룹을 관리하는 일을 하면 좋겠어요. 저는 훈련 내용과 방법을 담당할게요. 괜찮겠어요? |

| 그들 | 네! 언제부터 시작할까요? |

| 나 | 두 분이 제일 편한 시간으로, 주중 저녁 시간이 어떨까요? 한 달에 두 번, 한번 모이는데 네 시간씩 공부하는 것으로 하면 되겠어요. 한번 모일 때 두 과씩 훈련하는데, 한 과마다 1/3, 1/3, 1/3[3) 씩 나누어서 진행할 겁니다. 그와 더불어 한 사람씩 따로 만나는 시간을 가질 거예요. 상호 책임을 위해서, 그리고 그룹이 현재 필요한 것이 무엇이고, 교회의 나머지 사람들은 어떤 필요가 있는지를 고려하여, 어디에 초점을 맞출 것인지를 조정하기 위해 만나는 것이에요. |

| 그들 | 좋아요. 며칠부터 시작할까요? |

| 나 | 네, 정해야지요. |

---

3) 대화4에 더 자세하게 언급되어 있다.

한 모금의 차를 마신 후, 우리는 훈련을 시작할 날짜를 정하고, 자전거로 한 시간 되는 거리를 격주로 다니게 되었다. 12명의 소그룹 리더들을 한 그룹으로 만들어서 시작했다. 신학적인 오류, 영적인 미성숙, 복잡한 인간관계, 갈등과 불화 등 여러 가지 문제가 있었지만, 그들의 사랑스러운 마음만큼은 올바른 자리에 있었다.

함께 일하면서 그 부부는 우리의 좋은 친구가 되었다. 첫 번째 부부의 훈련을 마친 후에, 다른 교회의 목사와 리더들이 우리 훈련에 참가했다. 사람들이 많아져서 그룹을 나누어야 했다. 그 두 훈련 그룹은 또다시 네 개로, 여덟 개로 배가했다. 결과적으로 우리는 한 주일에 4일, 혹은 5일을 훈련해야 했다. 교회의 리더들이 더 많이 훈련 받으면 받을수록 그들이 당면한 문제들에 대해 적절하게 대처할 수 있는 방법을 알게 됐다.

우리는 건강하고, 지속적이고, 재생산하는 하나님 나라의 원리로 사역했으며, 그들의 삶과 교회의 분위기 속에서 하나님께서 역사하셨다.

03

" **제자로는 무엇인가?** "

　우리 가족 다섯 명은 무심결에 동아시아에 있는 간이식당 안으로 들어갔다. 그리고 그 식당의 메뉴를 살펴 봤다. 주변을 둘러보았을 때, 그곳에는 우상 단지도, 향로도, 행운의 장신구도 보이지 않았다. 괜찮아 보이는 음식을 주문했다.

　자리에 앉았을 때, 큰 아들은 토속 종교 음악소리가 들린다고 말했다. 에어컨 위에 놓여있는 이상해 보이는 빨간 색, 금색 휴대용 스피커에서 나오는 소리였는데, 귀 기울여 들어보니 그 음악은 바로 예수님을 찬양하는 음악이었다. 주문한 도시락 음식이 우리 앞에 놓여졌을 때, 우리는 음식점 주인에게 무슨 말을 걸어야 할지를 상의하기 시작했다. 식사 기도 후에 우리 아이들이 기대와 흥분으로 나를 바라보았다. 음식점 주인 부부가 우리 쪽으로 다가오고 있었다.

나	예수님 믿으세요?
주인	예! 이제 막 믿기 시작했어요.
나	잘 되었네요! 교회는 어디로 다니시나요?
주인	멀지 않아요.
나	교회에서 어떤 봉사를 하세요?
주인	아직 안 해요. 교회에 가서 설교자의 설교를 들어요.
나	좋아요. 하지만 그것으로는 충분하지 않아요. 하나님은 우리를 특별한 목적으로 만드셨어요. 하나님은 에베소서 2:8-10에서 이렇게 말씀하셨어요. 우리를 구원하신 것은 선한 일을 하기 위함입니다. 그리스도 안에서 선한 일을 하도록 창조하셨고, 그런 일을 하도록 우리를 미리 예비하셨어요. 그러니까 단지 설교만 듣지 마시고, 봉사를 하셔야 해요.
주인	저는 그렇게는 생각해 보지 않았어요. 믿음은 설교 말씀을 들음으로 생기는 것 아닌가요?
나	네 그 말은 부분적으로는 맞지만, 다 맞는 것은 아닙니다. 사장님 자신이 성경 말씀을 공부해야 해요. 더 중요한 것은 사장님이 배운 말씀을 순종하는 것이에요. 물론 사장님이 배운 것을 더 잘 이해하고, 배운 바를 잘 적용하기 위해서는 사장님보다 더 성숙한 사람의 도움이 필요해요. 그러나 사장님은 하나님의 말씀으로부터 배운 바를 순종해야 해요.
주인	당신은 예수님을 어떻게 알게 되었고, 우리 나라에는 왜 왔나요?

그 작은 식당 안에 있는 모든 사람들이 우리의 대화를 듣고 있다는 사실을 알았다. 복음에 닫힌 이 나라에 사는 사람들이 어떻게 하면 우리의 이야기를 떳떳하게 듣게 될 수 있을까, 예수님을 찬양하는 소리를 떳떳하게 듣게 될 수 있을까를 생각하면서, 그 작은 스피커에서 흘러나오는 음악소리를 들었을 때, 그 음악은 내 귀에 더 아름답게 다가왔다. 식당에 있는 사람들은 쌀로 덮인 도시락 음식을 먹으면서 이런 이야기를 듣게 되리라고는 예상하지 못했을 것이다. 상황이 위험하다는 것을 알아챘을 때, 뒤쪽 구석에 공안 복장을 한 사람이 우리가 나누었던 대화에 대해서 아무 시비를 걸지 않기를 짧게나마 기도했다. 이곳은 여전히 복음에 대해서 닫혀있는 나라이다. 하지만 아내와 우리 아이들은 신이 났다.

나　하나님께서 저와 아내에게 이 나라로 가라고 해서 오게 되었어요.

주인　하나님이 그런 말도 하세요? 하나님의 음성을 어떻게 들어요?

나　하나님의 음성을 듣는 것보다 하나님과 친밀한 관계를 갖는 것이 더 중요해요.

주인　저희는 하나님을 믿는 믿음을 갖고 있는데, 하나님과 친밀한 관계를 갖는다는 것이 무슨 뜻인가요?

나　제가 좀 더 설명해 드려야 할 것 같네요. 우리 믿음은 종교라고 말하기보다 관계라고 말하는 것이 더 맞아요. 우리의 믿음은 예수님을 믿는 믿음입니다. 예수님은 우리와 하나님과의 관계를 회복시켜 주셨고, 우리 안에 성령으로 채워 주셨어요. 성경은 요한복음 17장에서, 영생은 하나님을 아는 것이라고 말합니다. 하나님에 대해서 아는 것이 아닙니다. 우리는 우리의 모든 존재로 하나님을 사랑해야 하고, 다른 사람들을 사랑해야 해요. 이것이 가장 큰 계명이에요. 동의하세요?

주인 예, 하지만 우리는 그런 생각을 해 본적이 없어요.

나 그러나, 다른 사람과의 관계는 우리와 하나님과의 관계에 직접적인 영향을 미쳐요. 다른 사람을 사랑하지 않고 하나님을 사랑한다고 말할 수는 없습니다. 또한 하나님은 때때로 그분의 백성들을 통해서 말씀하세요. 하나님께서 우리와 대화하시는 중요한 통로는 성경, 기도, 교회, 그리고 우리의 상황입니다. 이 네 가지 면이 잘 이루어지면 하나님께서 특별한 것들을 우리에게 말씀하실 때, 그 때를 쉽게 분별할 수 있어요. 우리의 원수가 누구인지 알아야 해요. 마귀 안에는 진리가 없어요. 그가 우리에게 말할 수는 있지만, 마귀는 거짓의 아비예요. 그의 말에 기울이면 안 돼요.

주인 맞아요. 하나님의 음성을 들으려고 애쓰면서, 여전히 힘들어 하는 사람들을 알고 있어요. 저도 그런 함정에 빠지지 않으려고 조심하고 있어요.

나 나중에 하나님을 어떻게 더 잘 알 수 있는지 그 방법을 말해 드릴게요. 지금은 제 이야기를 해 드리겠습니다. 약 13년전에, 저는 직장에서 집으로 운전하며 가고 있었어요. 갑자기 하나님이 말씀하시는 음성을 듣게 되었어요. "그 나라로 가라"[4] 저는 깜짝 놀랐어요. 그때 저는 금식하고 있었는데, 너무 허기져서 헛소리를 들었나 하면서, '샌드위치를 먹어야 하나?' 하며 어리둥절하고 있었어요. 저는 아내를 불렀어요. 아내는 늘 자기가 나를 먼저 불렀다고 우겨요. 그러나 분명히 내가 먼저 아내를 불렀어요.

아내 내가 먼저 남편을 불렀어요.

그 말을 듣고 있던 모든 사람들이 웃었다.

나 그때 알게 된 것은 하나님께서 같은 시간에 같은 것을 우리에게 말씀해 주셨다는 것이었어요. 우리는 이 이야기를 교회에 알렸고, 우리를 위해 기도해 달라고 했어요. 교우들은 이것이 하나님의 뜻이고, 하나님께서 우리에게 가라고 말씀하셨다는 것을 확인해 줬어요. 그래서 저희들이 이곳에 왔어요.

그들 다른 때에도 하나님께서 그런 방법으로 말씀해 주시나요?

나 가끔씩 그래요. 제가 하나님과 동행하지 않았을 때도 있었어요. 친구들과 술집에서 술을 먹고 있었을 때, 하나님은 제게 물으셨

---

4) 보안 사항이므로 자세히 언급하지 않았다.

어요. "너는 왜 태어났니? 네가 죽으면 무슨 일이 일어나는지 아니?" 그 두 가지 질문이 저의 영혼을 괴롭혔고, 밤새 고민하게 만들었어요. 내가 생각할 수 있었던 것은 삶의 목적이었어요. 돈을 벌기 위해, 큰 집을 가지려고, 자녀들과 큰 차를 가지고 조기 은퇴하여 인생을 즐기는 것이 내가 사는 목적인가? 내가 죽으면 이 모든 것들이 무슨 의미가 있을까? 어린 아이 같은 믿음을 가졌던 나는 하나님이 정말 살아 계신지 궁금하기 시작했어요. 절대적 진리가 존재하는지도 알고 싶었어요. 무신론을 비롯해서 다른 종교도 연구해 보았지만 그들 가운데 어떤 것에서도 진정한 소망을 찾을 수 없었어요. 저희 부모님이 주셨던 성경책을 집어 들고, 첫 장부터 마지막 장까지 읽기 시작했어요. 성경에 나오는 200개의 모순점들을 지적하는 문서 파일을 다운 받았어요. 그때 저는 성령의 존재는 틀렸다는 것을 입증하려 했어요. 그러나 성령께서는 성경이 진실하다는 것을 확신시켜 주셨어요. 이제 내가 선택해야 할 차례라는 것을 알았어요. 순종할 것인가, 불순종할 것인가! 저는 순종하여 예수님을 내 구세주와 주님으로 모셨어요. 하나님께 나의 불순종을 회개하고, 그분이 원하시는 것은 무엇이든지 순종하겠다고 헌신했어요. 바로 그 자리에서 했어요. 그 결과 제 인생은 완전히 바뀌었어요.

그들 놀랍네요. 하나님께서 내게도 말씀해 주셨으면 좋겠어요. 여기 있는 모든 손님들이 우리 이야기를 듣고 있어요. 어떤 사람들은 우리를 쳐다보고 있어요.

나 하나님께서 당신에게 직접 말씀하신다면 정말 좋은 일이지요. 그러나 한 가지 기억할 것은 하나님께서 당신에게 말씀하시면, 당신 삶이 완전히 바뀐다는 사실이에요. 성경은 그런 예를 많이 보여주고 있어요. 내 삶이 바로 그 사실을 입증해 주지요. 저는 땅 끝까지 예수님을 따르기 위해 잘 나가던 직장도 내려 놓았어요. 그러나 하나님의 음성을 듣겠다고 여기저기 찾아 나설 필요는 없어요. 대신 하나님과 친밀하고, 사랑스런 관계를 갖는 것이 중요해요. 부부간에 마음을 열고, 솔직하게, 규칙적으로 대화하는 것처럼, 하나님과도 그런 식으로 대화하는 거예요. 사랑하는 사람에게는 시간을 내고, 함께 교제 하잖아요. 그렇기 때문에 우리는 매일 성경을 읽고, 계속해서 기도하고, 생활 속에서 주님께 순종해야 합니다. 하나님을 알고, 모든 사람들에게 하나님을 알리고 싶은 마음도 듭니다. 당신도 마찬가지예요. 하나님께서 특별한 방식으로 당신과 대화하기 원하시면, 그분은 그렇게 하십니다. 그 다음에는 당신 인생이 변합니다. 그러나 그것은 결코 쉬운 일이 아닙니다.

주인 우리 인생은 하나님을 알기 위해 존재하고, 모든 사람들에게 하나님을 알려야 한다는 말이지요! 어떻게 그런 일을 할 수 있습니까?

나 그것이 대위임령이예요. 우리는 대위임령에 순종해야 해요. 그것

	이 무엇인지 아시나요?
주인	하늘 아래 있는 모든 사람들에게 복음을 전하라는 것입니까?
나	그것도 대위임령의 한 부분이에요. 그러나 전부는 아닙니다. 이 대위임령은 마태복음 28:18-20에 잘 요약되어 있는데, 모든 민족을 제자 삼으라는 명령입니다. 우리 모두 제자를 삼는 제자가 되어야 해요. 하나님은 당신에게 복 주실 뿐 아니라, 당신이 다른 사람들에게 복을 주기를 원하세요. 하나님은 당신에게 구원과 성령을 주셨어요. 하나님은 당신에게 계시된 말씀인 성경도 주셨어요. 또한 교회도 주셨어요. 그 안에서 당신이 다른 사람을 섬길 수 있고, 다른 사람도 당신을 섬길 수 있어요. 당신은 하나님께서 주신 모든 것을 누릴 수 있고, 그것을 다른 사람들에게 나누어 줄 수 있어요. 거저 받고, 거저 주는 것입니다. 하나님이 당신에게 이 식당과 일하는 직원과 손님들도 보내주셨는데, 이를 통해 하나님을 더 잘 알 수 있고, 하나님께 영광 돌릴 수 있는 것입니다.

그때, 우리 아이들이 식사를 마쳤다. 막내가 피곤해 하고 졸기 시작했다. 나중에 식당에 다시 와서 미쳐 끝내지 못한 이야기를 해 주겠다고 약속하고, 자리에서 일어나 인사하고 집으로 돌아왔다.

다음 날, 그 식당에 다시 갔는데, 문이 닫혀 있었다. 한달 후에야 다시 문이 열렸다. 붐비는 저녁시간에 식당에 들어갔는데, 새 친구인

식당 주인이 우리를 반겨주었다.

여주인은 어린아이가 무릎 꿇고 기도하는 문양의 타피스트리를 벽에 걸고 있었다. 나를 보고, 웃으며 말했다.

여주인 아이를 입양 했나요?

나 네. 어떻게 알았습니까?

여주인 당신이 한 얘기를 우리 교회에 있는 모든 사람들에게 말해 주었어요. 그 중 한 자매가 당신에게서 훈련을 받았다고 하더군요. 그 자매가 당신에 대해서 많은 얘기를 해 줬어요. 그래서 당신이 그 자매가 말하는 그 사람인가를 확인해 보려 했어요. 그 자매는 당신에게 제자가 뭐냐고 꼭 물어봐야 한다고 말하더군요.

나 요한복음 8:31에 제자에 대한 기본적인 설명이 나와있어요. 예수님은 우리가 그분의 말씀 안에 거하면, 예수님의 제자가 된다고 하셨어요. 이 말은 기도문으로 기도한다거나, 매 주일마다 교회에 가야 한다거나 그런 뜻이 아니에요. 예수님의 말씀 안에 거해야 해요. 그러나 거한다는 것과 순종한다는 것은 딱히 설명할 수 없지만 서로 연결되어 있어요. 우리는 예수님의 말씀을 순종해야 합니다. 요한복음 14장에서 예수님을 사랑한다면 순종해야 한다는 것을 예수님은 다섯 가지 다른 방식으로 말씀하고 있습니다. 요한복음 15:5-8을 보면, 우리는 예수님과 그분 말씀 안에 거하면, 열매를 맺을 수 있고, 우리가 예수님의 제자임을 입증

할 수 있다고 하셨어요. 예수님은 또한 우리가 열매를 맺는 것이 아버지께 영광을 돌리는 것이고, 그것이 바로 우리가 존재하는 이유라고 하셨어요. 요약하면, 제자는 예수님 안에 거하는 자고, 예수님의 명령에 순종함으로 열매를 맺어 하나님께 영광을 돌리는 자입니다. 예수님의 제자가 된다는 것은 실제로 그리스도를 따르는 자가 된다는 것을 의미합니다.

여주인 와! 정말 놀랍군요. 하지만 저는 그 목표가 무엇인지 아직도 잘 모르겠어요.

나 우리가 건강한 제자가 되어 다른 사람들을 제자 삼고자 한다면, 다음의 다섯 가지 주요한 영역에서 균형을 이루어야 해요. 여기에 다섯 가지 영역을 보여주는 그림이 있어요. 우리는 이것을 '건강한 제자 도식'이라고 말해요.

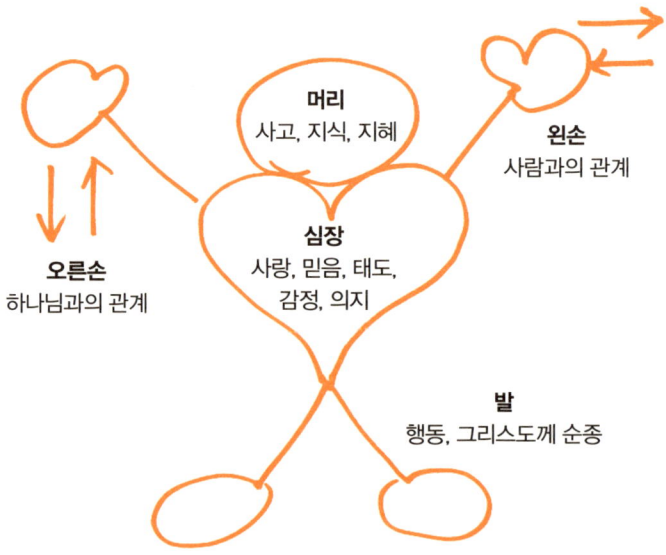

여주인은 구슬을 내려놓고, 노트를 가져와서, 우리가 나누었던 대화를 기록했다. 나는 여주인의 노트와 펜을 빌려서 그림을 그려 주었다. 위의 도식에 기록된 대로 각 부분이 무엇을 의미하는지를 설명했다.

| 나 | 영적으로 보자면, 우리 모두는 머리, 가슴, 오른손, 왼손, 그리고 발이 있어요. 머리는 하나님의 말씀을 아는 지식, 생각, 하늘의 지혜를 나타내고요, 심장은 아주 중요한 부분인데, 사람들의 욕구와 정서 뿐 아니라 성령의 열매인 사랑, 기쁨, 평화 등을 나타내요. 오른손은 예수님과의 관계를 나타내고요, 왼손은 다른 사람과의 관계를 나타내요. 마지막으로 발은 하나님의 말씀을 순종하는 것을 의미해요. 이 도식 중에서, 한 부분이 다른 부분보다 강하면 크게 그리고, 다른 부분보다 약하면 작게 그리면 돼요. 저는 하나님의 말씀을 사랑하고, 항상 말씀을 읽어요. 그래서 머리 부분이 커요. 그런데 다른 사람들을 잘 돌보지 못했고, 마땅히 사랑해야 할 사람들을 사랑하지 못했어요. 그래서 심장과 왼손이 작아요. 하나님을 아주 많이 사랑했고, 하나님을 알고 싶었어요. 그래서 오른손이 왼손보다 더 커요. 이 중에서 제일 크게 그린 것은 발이에요. 저는 실천하는 사람이고, 행동하고 순종하는 것을 좋아해요. 복음을 전하는 것을 좋아하지만, 전한 사람들을 돌보는 것을 잘못해요. 결국 제가 신경 써야 할 부분 |

은 이 두 가지, 심장과 왼손입니다. 시간이 지남에 따라 모든 부분들이 균형을 이루어 갑니다. 결과적으로 보면, 더 건강해지고, 잘 자리를 잡아가게 되어, 더 많은 제자들을 양육할 수 있었지요. 이 그림이 신앙생활을 이해하는 데 도움이 되었나요?

여주인   예, 도움이 되었어요. 아주 쉽고 분명하네요. 저는 제자에 대해서 많이 들었어도 잘 이해가 안 되었어요.

나   자 이제 아시겠지요? 그러면 당신 자신의 모습을 한 번 그려 보세요. 고쳐야 할 부분이 무엇인지 찾아 보세요. 모든 것을 한번에 고칠 수는 없어요. 제일 필요한 부분부터 시작하면 돼요. 그 다음에 다른 사람들을 제자 삼을 수 있는 방법을 찾아보세요. 제자를 삼는 일, 이것은 당신이 해야 할 일 이예요. 목사님의 일이 아니예요. 당신 가족들부터, 그리고 당신 식당에서 일하는 직원들부터 시작하면 돼요.

여주인   이 건강한 제자 도식에 대해 더 자세히 알려면 어떻게 해야 하나요?

나   모든 자료들이 나와 있는 웹사이트가 있어요. 여기를 찾아보면 돼요. www.thehealthydisciple.com[5] 입니다.

---

[5] 이것은 영어로 쓰여진 주소이다. 당시 대화할 때는 그 지역 언어로 기록된 주소를 알려주었다. 여기서는 보안상 영어주소만을 기입했다.

04

"건강한 제자 도식"

　지금 내 앞에 앉아있는 두 젊은이들은 하나님께서 행하신 기적의 결과이다. 이 두 사람은 동아시아에서 사역했을 때 아주 일찍 믿게 되었던 형제들이다. 이 두 사람은 신실하게 주님과 동행했고, 다른 사람들을 잘 도와 주님의 제자로 성장하게 해주었던 사람들이었다. 두 사람들은 이제 막 믿기 시작한 사람들로 구성된 소그룹 교회를 인도했다. 이 두 사람과 매주 한번씩 만나서 1/3, 1/3, 1/3 과정을[6] 최선을 다해 훈련했다.

　그 두 젊은이들은 재능 있는 교사요, 목사요, 친구들이었다. 매주 그들과 만나는 것이 즐거웠다. 그런데 그때는 평소와 달랐다. 두 젊은이들 모두 긴장하고 있었다. 우리 작은 주방이 더 작게 느껴졌고,

---

[6] 이 과정에서 훈련시간의 1/3은 기도와 예배하는 시간이고, 1/3은 새로운 내용을 가르치는 시간이고, 마지막 1/3은 연습하고 상호 책임을 묻는 시간이다.

창문을 통해 불어오는 바람은 아주 뜨거웠다. 그 형제들은 아주 낙천적이었지만, 그 후 며칠 동안 교회에서 모임을 가져야 한다는 것에 대해 많은 부담을 느꼈다. 그들 교회는 주중 다른 시간에 모임을 가졌다. 그들이 부담스럽게 여기는 것은 바로 십일조였다. 그 주제가 다루기 쉽지 않다는 것을 알고 있었다. 그들은 십일조를 가르치면 사람들이 교회를 떠날지도 모른다는 사실을 걱정하고 있었다.

나   여러분 두 사람은 이 땅에 존재하는 이유가 뭐예요?

그들   하나님을 알고, 모든 열방에게 하나님을 알게 하는 것이지요. 하나님께서 우리를 부르셔서 원하시는 자가 되고, 원하시는 일을 해서, 모든 것들을 통해 하나님께 영광을 돌리는 것이지요.

나   하나님이 당신을 부르셔서 당신을 통해 하시기 원하시는 모든 것들을 하는 과정이 바로 제자훈련 과정이지요, 맞습니까?

그들   네

나   목적은 무엇입니까?

그들   모든 열방을 제자 삼는 것입니다.

나   왜요?

그들   그리스도께서 우리에게 명령하셨어요. 그리고 제자들이란 하나님을 알고, 하나님을 영화롭게 하는 자들이에요. 이 땅이 예수님의 제자로 가득하고, 물이 바다를 덮음 같이 하나님의 영광을 아는 지식으로 가득 차게 될 거예요.

나	아주 좋습니다. 저보다 더 잘 말해 주었어요. 그 말을 내가 뺏어 가도 괜찮겠어요?
그들	물론이지요.

그들이 웃었다.

나	건강한 제자는 어떤 모습을 해야 하는지 기억하고 있습니까?
그들	네, 다섯 가지 영역이 있어요: 머리, 심장, 오른손, 왼손, 발 입니다.
나	이 모든 것들의 목적은 무엇인가요?
그들	우리가 그리스도를 알고 섬기면서 제자를 세우는 것입니다.
나	맞습니다. 이번 주 학습 내용이 십일조인데요, 마음에 부담이 됩니까? 새신자들에게는 쉽지 않은 내용일 수도 있겠네요. 그러나 하나님께서 그들을 부르셔서 하게 하실 일들을 다 하기 위해서는 하나님께서 하라고 하신 것들을 순종하는 법을 배워야 해요. 발은 순종을 나타내는데, 우리가 건강하려면 발 역할도 잘 해야 합니다.
그들	우리가 이해하기로는 새신자들은 아직 성숙하지 못해요. 그들은 인생의 목적을 잘 이해하지 못해요.
나	알고 있어요. 그것이 당연합니다. 하지만 성숙하지 못한 상태에 계속 있어야 하는 것이 더 문제입니다. 이번에 여러분이 그들에

게 가르칠 때, 그들의 건강 도식을 스스로 다시 그려 보라고 해 보세요. 그들이 아직 순종하지 않고 있다는 것을 알게 해 주세요. 그들도 하나님의 말씀에 순종해야 해요. 구제와 헌금은 그리스도인의 생활에 아주 중요한 부분입니다. 그리고 모든 믿는 자들은 그들이 가지고 있는 모든 것의 100퍼센트가 -10퍼센트가 아닌- 모두 하나님의 것이라는 것을 알아야 해요. 십일조와 구제는 복음대로 살 수 있는 실제적이고 구체적인 방법입니다. 우리는 남에게 복 주기 위해 복을 받은 자들입니다. 그들이 순종할 수 없는 이유를 말한다면, 그리스도인의 삶의 목적을 말해 주세요.

그들   알겠습니다. 그렇게 하겠습니다. 내일 우리 모임에 와서 참관해 보시겠어요?

나   저도 가보고 싶어요.

다음 날 그들이 만났던 작은 아파트는 뜨겁고 열심 있는 멤버들과 곧 믿게 될 사람들로 가득 차 있었다. 두 형제들은 앞에 앉아서 가르치기 시작했다. 나는 반대편 복도 끝에 앉아, 구석 근처에서 오른쪽으로 기대어 그들을 바라보고 있었다. 성경공부가 시작되자 형광 불빛이 사람들을 비추고 있었다. 그 형제들이 그 방에 있는 모든 사람들에게 하나님의 빛을 비춰 줄 수 있도록 기도했다. 예상대로 그 성경공부의 실제적인 적용은 헌금과 구제였다. 그 그룹의 멤버들은 그 말씀에 순종할 수 없는 여러 가지 이유를 찾으려고 했다. 그 두 형제들은 준비한 질문들과 시나리오들을 말하기 시작했다. 한 형제가 손을 들었을 때 방안이 조용해졌다.

형제   하나님의 궁극적인 목적이 무엇인가요?

답변   하나님의 영광이 온 땅에 가득하게 되는 것입니다.

형제   누가 하나님께 영광을 돌리나요?

답변   제자들입니다.

형제   대위임령은 무엇인가요?

답변   열방을 제자 삼는 것입니다.

형제   요한복음 8:31에서 말하는 제자의 가장 기본적이고 공통적인 분모는 무엇인가요?

답변   순종입니다(그 나라의 언어로 번역된 성경은 "네가 내 말에 거하면"이라는 고상한 번역이 아니고, "네가 내 말을 순종하면" 이렇게 표현되어 있다).

형제   제자를 삼는 건강한 제자가 되기 위해서 균형을 이루어야 할 다섯 가지 요소가 무엇인가요?

답변   머리, 심장, 손, 그리고 발입니다.

답변   발은 무엇을 의미하나요?

답변   순종입니다.

형제   영적인 발이 없으면 어떻게 건강한 제자가 될 수 있을까요? 순종하지 않으면 어떻게 하나님께서 부르셔서 원하시는 사람이

045

될 수 있을까요? 순종하지 않으면 어떻게 하나님께서 부르셔서 원하시는 일을 할 수 있을까요?

다른 형제 우리는 여러분에게 우리에게 순종하라고 말하지 않습니다. 여러분들이 순종해야 하는 대상은 하나님의 말씀입니다. 우리는 평계 댈 수 없습니다. 우리는 단지 순종만 할 뿐입니다.

나는 그 방의 뒤쪽에 앉아 있었다. 두 형제들이 지혜롭게 인도하는 것을 자랑스럽게 생각하면서 미소 짓고 있었다. 그들은 모든 사람들의 질문에 만족하게 답변할 수는 없었을지도 모른다. 그러나 그들은 사람들로 하여금 하나님의 목적으로 나아가게 했고, 하나님의 말씀으로 돌아가게 했다. 그것이 사람들로 하여금 모든 핑계를 막을 수 있게 해 주었다. 그날부터 교회에서 금전적인 문제는 일어나지 않았다.

그들에게 지금 가장 필요한 부분이 무엇인지를 다시 그리게 했을 때, 그들 모두는 발을 가장 작게 그렸다. 가장 안 되는 부분이 바로 하나님의 명령에 대한 순종이었다. 우리가 가르치고 훈련해야 할 것은 바로 그것이었다.

05 "건강한 제자 훈련"

아시아 전역에 걸쳐 여러 지역에서 여러 번의 훈련을 담당하게 된 것은 나에게 너무 감사한 것이었다. 한번은 이런 일이 있었다. 찌는 듯이 더운 여름날 작은 방안에 갇혀있는 나를 발견했다. 에어컨도 없는 그곳에서 교회 지도자들 모두가 한 방안에 있었기에 무척 더웠고 끈적거렸다. 이틀 전에는 이보다 훨씬 더웠다.

훌륭한 가정교회 지도자들이 건강한 제자와 소그룹 사역에 대한 훈련을 받기 위해 많이 모였다. 그들 중에 전에 소그룹 사역을 했던 사람은 한 사람도 없었다. 소그룹을 잘 한다는 사람들로부터 소그룹 사역에 대해 들었던 것이 전부였다. 그들은 재생산하는 사역에 대해서 아주 회의적이었다. 그들 대부분은 교회의 내부 일에만 관심이 있었고, 외부 일에 대해서는 관심이 거의 없었다. 그것이 바로 교회가 수적으로 성장하지 못했던 이유였다.

3일째 되었을 때, 그룹 사이에서 의미 있는 변화가 나타나기 시작했다. 최고 리더와 함께 대나무 돗자리 위에 앉아 뜨거운 날씨에 어울리는 차를 마시게 되었다. 요리사가 음식을 볶아대는 바람에 마치 화재경보기가 작동하는 것처럼, 주방 바깥으로 자욱한 연기가 새어 나왔다.

그   와 주셔서 고맙습니다. 어제 밤에 우리 모두는 이런 훈련에 대해서 많은 이야기를 나누었어요. 전에 이런 훈련을 해 본적이 없었어요.

나   저도 압니다.

그   당신이 이곳에 3년 전에 왔었더라면, 여기 온 첫날 쫓겨 났을 것입니다.

나   그게 무슨 말인가요?

그   당신이 처음 한 시간 동안 가르친 후에, 우리들을 소그룹으로 나누고, 배운 것들을 연습하라고 했어요. 전에 그렇게 해 본적이 없었어요. 과거에 받았던 모든 훈련들은 훈련자들이 하루에 여덟 시간 동안 가르치기만 했고, 우리는 배운 것들을 받아 적기만 했을 뿐이었지요. 식사할 때를 제외하고는 가르치는 선생님과 우리들은 서로 대화하며, 이야기를 주고 받고 한 적이 거의 없었어요.

나   그런 훈련은 사실 훈련이라고 볼 수 없어요. 가르치는 것과 훈련하는 것은 아주 달라요. 여러분이 전에 받았던 것은 일종의 가르침이지, 훈련은 아니었습니다. 가르침과 훈련, 이 두 가지는 우리 사역에 모두 필요해요. 디모데후서 3:16-17은 특별히 하나님의 말씀을 가르치는 것과 훈련하는 것을 언급하고 있어요. 이를 통해 우리가 하나님의 사람들로 잘 세워져 가게 됩니다. 가르침은 정보를 전달하는 것에 비중을 둔다면(내용 전달), 훈련은 변화(성품 개발)에 더 비중을 두는 것입니다. 둘 다 필요하며, 약한 부분들을 서로 보완해 줍니다. 제가 염려하는 것은 복사하듯이 정보 전달만 하는 것입니다. 그렇다면 배운 바를 삶에 적용할 수 없습니다. 예수님의 대위임령을 살펴본다면, 예수님께서 특별히 강조하셨던 것은 그들로 하여금 순종하도록 가르치라는 것입니다. 가르침을 통해 삶의 변화가 나타나야 합니다.[7] 그렇게 하기 위해서는 가르침과 훈련의 균형을 맞춰야 합니다. 훈련자가 와서 4일 동안 줄곧 가르치기만 한다면, 배우는 사람들이 배운 내용을 얼마나 소화할 수 있으며, 얼마나 활용할 수 있겠습니까?

그   활용할 수 있는 확률은 거의 없습니다.

나   지난 2박 3일간의 훈련은 어땠어요?

그분 거의 다 소화하고 활용할 수 있을 것 같아요.

나   바로 그거예요. 배우는 내용이 많지 않아도 반복하고 자꾸 연습

---

7) 국제월드홉 미니스트리 회장은 이렇게 기술했다. "예수님은 그들에게 가르쳐(디다스코) 지키게 하라"(순종하라/지키라)고 말씀하신다. 이는 단지 지식만을 전하는 것이 아니라 삶의 변화를 의미한다.

하면 배운 것을 모두 소화할 수 있고, 우리 삶에 적용할 수 있어요. 그러나 그것이 우리의 궁극적인 목적은 아니에요. 우리의 목적은 여러분이(y'all)[8] 가르친 사람들이 또 다른 사람들을 가르칠 수 있게 하는 것입니다. 이것이 이루어지면, 배가 곧 재생산이 일어나게 되고, 모든 민족을 제자 삼을 때까지 이 일을 계속 할 수 있습니다. 이는 가르치는 내용을 줄이고, 훈련을 강화해서, 다른 사람들에게 이를 전달하는 것입니다.

그분 전에는 이런 것들을 생각해 본적이 없었어요. 단지 이 훈련을 통해서 얼마나 많이 배웠고, 서로서로 깊게 친해질 수 있을까만을 생각했어요. 이제야 건강한 제자가 어떤 것인지 명백한 그림을 그릴 수 있게 되었어요.

나 그것이 제가 원했던 것입니다. 우리의 목표가 무엇이고, 목표가 어디에 있는지를 안다면 목표를 더 잘 성취할 수 있을 것입니다. 제자는 우연히 생기는 것이라고 생각할 때가 많아요. 설교를 잘 듣고, 찬송을 잘 부르고, 모임에 잘 참석하면 어쨌든 예수님의 제자가 될 거라고 생각하는 경향이 있습니다. 심지어 교회 지도자들조차도 제자를 재생산하는 제자에 대한 생각을 갖지 못할 때가 많아요. 제자를 삼는 것은 지도자만의 역할이라고 생각하

---

8) 이 말은 표준어는 아니다. 2인칭 복수형에 대한 텍사스 방언이다. 원문의 뜻을 적절하게 표현하기 위해 이렇게 번역해 보았다.

는데, 사실은 우리 모두가 해야 하는 일입니다.

그 이 훈련을 마치면, 그 다음에는 무엇을 하나요?

나 우리가 지난 몇 주 동안 했던 일들을 하는 거예요. 현재 교회 리더들과 리더 대상자들은 언제 모이나요?

그 주중 저녁에 모여요. 대부분이 낮에 일하거든요.

나 당신은 소그룹을 시작할 계획이 있으세요?

그 아직 없습니다.

나 당신의 교회에 리더와 리더 대상자들이 몇 명이나 됩니까?

그 6-8명 정도예요.

나 걸음마부터 시작하면 좋겠습니다. 당신의 교회 안에서 두 개의 소그룹을 만들어 봅시다. 어떻게 생각하세요?

그 두 세 그룹은 할 수 있을 것 같아요. 소그룹 모임을 인도할 수 있는 가정이 셋은 됩니다.

나 그 다음에 리더들을 그룹으로 나누어서 그들이 함께 일하고 상호 책임을 가질 수 있게 해야 해요. 주중 저녁시간이든지 아니면 토요일이든지 시간을 정하고, 우리가 여기서 훈련했던 것처럼 이런 훈련을 시작하세요. 3-3-3 과정을 명심하세요. 교제와 기도로 시작해서, 새로운 과를 가르치면서 사람들이 잘 이해할 수 있도록 해야 합니다. 그 다음에 배운 것들을 다른 사람들에게 자연스럽게 가르칠 수 있도록 연습하는 겁니다. 소그룹 시간은 설교를 듣는 시간이 아닙니다. 잘 가르치고 좋은 토론이 일어나도록 도와서 그룹원들 마음 속에 어떤 일이 일어나는지를 알게 해 주는 시간입니다. 소그룹을 가르칠 때, 다른 소그룹의 진도보다는 세 개 혹은 네 개의 과를 앞서 인도해야 합니다. 그리고 가능하면 소그룹에서 가르치는 내용을 주일 설교로 활용하면 더욱 좋습니다.

그 소그룹의 진도보다 몇 과를 앞서 인도해야 한다는 것은 무슨 뜻인가요?

나 1과와 2과를 먼저 가르치세요. 한 주 혹은 두 주 지난 후 다시 만났을 때 1, 2과를 복습합니다. 그리고 난 후 3, 4과를 가르칩니다. 그리고 나서, 배운 사람들이 그들 스스로 소그룹을 시작하도록 합니다. 그런데 훈련 시간에 결석하는 사람들이 있다거나, 혹은 특별 행사가 있어서 훈련할 수 없는 상황이 되어도, 소그룹에 가서 가르쳐야 할 내용이 있어야 합니다. 시간이 지나면서 당신의 소그룹 리더들이 더 많은 소그룹 리더들을 배출하기를 원할 것이고, 그럼으로써 더 많은 소그룹들을 인도할 수 있는 기회가 생길 것입니다. 이런 일이 일어나면 복잡한 상황들이 발생할 수 있습니다. 그렇게 되면 소그룹 리더들이 다른 소그룹 리더들을 훈련해야 합니다. 그렇게 함으로써 새로운 소그룹 리더들이 끊임없이 배출될 것입니다. 리더 부족이 교회의 양적 혹은 질적 성장의 가장 큰 걸림돌입니다.

그 맞습니다. 리더들은 항상 부족합니다. 훈련된 제자들이 부족하다는 것이 문제입니다.

나   이 모든 과정의 목적은 이런 문제를 최소화하여, 선교하고 파송하는 교회의 역할을 감당하는 것입니다.

그   이곳에 오셔서 우리와 함께 일해 주셔서 다시 한번 감사 드립니다.

나   천만에요. 음식은 괜찮은가요? 지금 막 복도에서 연기가 나오는 것을 보았어요.

우리는 함께 웃으면서 서로의 가족 이야기를 나누었다. 휴식시간이 끝나고 그룹원들은 거실로 다시 돌아갔다. 막 새로 사귀게 된 이 친구는 그룹 리더들에게 이렇게 전했다.

그   지난 며칠 동안 우리는 도전을 받았고, 새로운 것들을 느꼈어요, 맞나요?

그들 예!

그   이런 훈련 방식은 전에 해보지 못했던 새로운 방식입니다. 전에는 훈련자가 주로 이야기하고, 우리는 열심히 기록하는 방식이었는데, 집에 돌아가면 무엇을 해야 할지 모르지 않았나요?

그들 (농담하듯이) 전혀 몰랐지요.

그   바로 그것입니다. 이번에는 어땠나요? 이번 훈련자는 다른 훈련자들에 비해서 많은 것을 가르쳐 주지는 않았지만, 많이 배웠나요, 적게 배웠나요?

그들   많이 배웠어요.

그   여러분들이 배운 이 모든 것을 가지고 어떤 계획을 세울 수 있을까요? 한 마디도 말하지 않는 것입니다.

모든 사람들이 박장대소 하면서 웃었다.

그   돌아가서는 아무것도 안 할 수는 없겠지요. 배운 것을 가지고 다른 사람들을 훈련하기 위해서는 계획을 세워야 합니다. 하나님의 목적은 모든 열방 가운데 주님의 제자들이 세워지는 것입니다. 우리 계획은 제자를 세우고, 더 많은 리더들을 훈련해서 더 많은 리더들을 세우고, 이 리더들을 더 잘 훈련하여 재생산하는 리더를 만드는 것입니다. 이런 훈련이 끝나면, 곧 계획을 세우고 함께 훈련을 해야 해요. 알겠죠?

그들   좋아요.

그제서야 나는 많은 땀을 흘리고 있었다는 것을 알게 되었는데, 눈물도 같이 흘러내렸다. 그 그룹이 훈련 받은 것들을 그대로 순종해서 재생산하게만 된다면, 아시아 전 지역에 하나님 나라가 끊임없이 확장될 수 있을 것이다.

그날 저녁 늦게 시골 지역을 다니는 완행 야간 열차를 탔다. 그 열차는 에어컨도 없는데다, 흡연도 허용되었던, 아주 덥고 연기 가득한 침대 열차였다. 그러나 내 마음 속에 말할 수 없는 기쁨이 흘러 넘쳤다. 불과 사흘 전까지 재생산이라는 개념을 전혀 몰랐던 형제들이 대위임령이 완성되는 그날까지 건강하고, 지속적이고, 재생산하는 사역을 시작하려는 열망을 갖게 되었기 때문이다.

06
" 다섯 단계 : 진단과 협력의 도구 "

"이것은 우리 교회의 문제가 무엇인지 가려낼 수 있는 가장 명백한 방법입니다." 내 옆에 앉아 있었던 교회 리더의 말이었다. 그날 오전에 리더들에게 전화를 해서 오늘 같이 만날 수 있을지 물었다. 버스를 타고 그들이 사는 도시로 가면서 혼자서 생각했다. 어떻게 그들을 축복하고, 사랑하고, 섬기고, 그들로 하여금 하나님이 원하는 자가 되고, 원하는 일을 하게 할 수 있을까를 생각해 보았다.

그날은 아주 더운 여름 날이었는데, 세상에서 제일 맛있는 음식을 이야기 하면서 같이 식사를 했다. 사역 현장에서 막 돌아왔을 때 갑자기 감정이 복받쳐 올라왔다. 사역 현장에 도착한 후 5년 동안 힘들게 일했던 아시아의 그 도시에서 다른 곳으로 이사했다. 내가 전 교회의 리더들을 만나기 위해 그 도시로 가 있는 동안 아내는 앞으로 사역할 새로운 도시에 있었다. 교회들이 부쩍 성장했다는 소식을 듣고 얼마나 기뻤는지 모른다. 그 도시를 떠나기 1년 전에는 교회 수가 일곱 개였는데, 그 후 열 두 교회로 불어났다. 교회들이 많아져서 리더들도 좋아했지만, 떠나야 한다는 생각으로 마음이 무거웠다. 우리는 같이 이야기하고, 식사하고, 즐거운 모임을 가졌다.

그들에게 이렇게 물었다, "여러분들이 제일 필요한 것은 무엇인가요?" 리더들은 젓가락을 내려놓더니 수많은 문제점들을 말하기 시작했다. 그 엄청난 문제에 눌려 어디서부터 실마리를 풀어야 할지 알 수 없었다. 그때 얇은 내프킨 종이 위에 도표 하나를 그려주었다.

〈다섯 단계〉

가장 중요한 '활동'

믿음	성실	순종	구비	비전 캐스팅

가장 '필요'한 것

복음	훈련	구비	기술	연장 교육

하나님과의 관계

분리됨	하나님의 자녀	하나님의 친구	하나님의 종	하나님의 종

불신자 →	회심자 →	제자 →	리더 →	훈련자

교회에서의 역할

	참여	훈련	감독/모본	감독/모본

영적인 은사

	발견	활용	찾음/사용	찾음/사용

교회에서의 주된 책임

	전도	섬김	구비/보호	훈련/리더 훈련

나	우리의 사역 안에 다섯 가지 중요한 단계가 있고, 각각의 단계 안에 여섯 개의 중요한 경로가 있는데, 이 도표는 한 단계에서 다른 단계로 어떻게 잘 넘어갈 수 있을지를 정리한 것입니다. 이 경로들이 아주 중요하지만, 모든 과정을 다 포함시켜 놓은 것은 아닙니다. 우리가 먼저 알아야 할 것은 궁극적인 목적입니다. 대위임령이지요. 그 대위임령이란 무엇입니까?
그들	하늘 아래 있는 모든 피조물에게 복음을 전하는 것입니다.
나	맞는 말입니다. 그러나 그것은 일부이지 완전한 대답은 아닙니다. 모든 민족을 제자 삼는다는 표현이 가장 정확합니다. 그 안에 모든 사람에게 복음을 전하는 것도 포함됩니다. 이 도표는 여기서부터 시작합니다. 안 믿는 사람들에게 복음을 전해서, 그들이 새신자가 되고, 나아가 성숙한 제자로 자라가게 됩니다. 잃어버린 영혼들은 하나님으로부터 분리되어 있기 때문에 그들에게 제일 필요한 것은 복음입니다. 일단 믿기 시작하면 그들의 필요도 바뀌지요. 하나님의 말씀에 따르면, 제자에 대한 기본적인 정의는 그리스도를 따르는 자라는 것입니다. 요한복음 8:31과 15:5-8을 볼 때, 제자란 하나님 안에 거하는 자, 그분의 말씀을 순종하는 자, 열매를 맺는 자입니다. 새신자들은 무엇을 순종해야 할지 모릅니다. 그들이 알고 있는 명령은 무엇이든지 성실하게 순종하는 것입니다. 그들의 가장 큰 필요는 훈련이지만, 공식적인 훈련이 아니라 일대일 훈련, 생활 중심의 훈련입니다.

리더들은 주로 귀로 들어 배운 학습자이며, 한편으로 공식 교육을 많이 받지 못한 사람들이다. 전에는 술을 즐기던 사람들이었지만, 그러나 여전히 나와 함께 있었던 자들이었다.

나   이 새신자들의 지위는 그리스도 안에서 영원한 위치로 상승되었고, 하나님과 분리되었던 그들이 하나님 자녀의 신분을 가졌다는 것을 알아야 합니다. 우리가 하는 훈련, 교육, 구비 과정들은 이 점을 강조합니다. 이 도표의 아래 부분은 그들이 교회와 어떻게 연관되는지를 보여 줍니다. 다음에 나오는 포인트들은 건강하고, 지속적이고, 재생산하는 성장을 촉진하기 위해 가장 잘 세분화된 것들입니다. 새신자들도 교회의 사역에 참여해야 합니다. 대부분 교회들은 리더들이 교회의 중요한 사역을 담당하고, 새신자들은 구경만 하게 해요. 단지 요리하고, 아이들 돌보는 일만 하게 하고, 전도와 같은 중요한 사역을 맡기지 않아요. 새신자들은 비록 영적으로 어린아이라 해도 에베소서 4:12의 말씀처럼 교회의 사역에 참여해야 해요. 그래서 그들의 영적인 근육을 강화시키고, 에베소서 4:13에 나와 있는 것처럼 성숙한 자로 자라게 해야 합니다.

그들   와! 전에는 이런 것들을 상상도 못했어요. 새신자들이 영적으로 성숙하지 못하다면 어떻게 이런 일을 맡길 수 있겠습니까?

나   물론 그들에게 설교를 맡길 수는 없어요. 그들이 감당할 수 있을 정도의 사역의 기회를 주어야 해요. 사역에 참여하는 사람이 없다면, 교회는 영적 게으름에 빠져 서서히 죽어가게 됩니다. 오늘의 교회는 새신자는 많지만 제자는 적습니다. 이 사실에 동의하십니까?

그들   예 맞아요. 그것이 우리의 문제입니다. 믿은 지 몇 년이나 지났어도 이제 막 믿은 신자와 별 차이가 없습니다. 이 문제를 어떻게 해결해야 할지 모르겠어요.

나   여기 아주 실제적이고 적용 중심적인 6단계 훈련 과정이 있어요. 새신자들을 위한 약 3년 과정의 훈련프로그램입니다.

그들   정말인가요? 전부 다 구입하려면 가격이 얼마나 하나요?

나   우리가 여기에 온 목적은 우리 형제, 자매들을 BLSP – bless(축복), love(사랑), serve(섬김), push(권유) 해서 하나님이 원하시는 자들이 되고, 하나님이 원하시는 일들을 하게 하려는 것입니다. 우리가 하나님으로부터 복을 받은 이유는 다른 사람들에게 복을 주기 위함입니다. 이것이 복음의 핵심입니다. 사랑은 가장 큰 계명입니다. 예수님이 이 땅에 오신 목적은 섬기기 위함이지, 섬김을 받으러 오신 것이 아닙니다. 우리도 마찬가지예요. 여러분을 권유하여, 하나님이 원하는 자들이 되고, 하나님이 원하는 일을 하게 하려는 것입니다. 선교사가, 출신 교회가, 파송 교회가 하는 것이 아닙니다. 우리는 이 모든 자료들을 무료로 나누어 줍니다. 왜냐하면 이렇게 해야 다른 사람들에게도 무료로 나누어 줄

그들	수 있으니까요.
그들	맞아요.
나	다음으로, 새신자들은 자신들의 영적 은사를 찾아야 합니다. 그래야 교회에서 무슨 역할을 할지를 결정할 수 있어요. 물론 새신자들은 왕성하게 전도를 해야 해요. 전도해야 할 두 가지 이유가 있습니다. 그들도 교회의 사역에 참여해야 하기 때문이고, 어떻게 구원받는지를 알고 있다면 다른 사람들에게 그 사실을 전해야 하는 것입니다. 그들을 훈련하고, 책임감을 갖도록 하고, 그런 과정에서 잘 인도해야 해요. 이외에도 새신자들은 교회 리더들이나 성숙한 제자들보다 잃어버린 영혼들을 더 많이 알고 있어요.
그들	그 말은 맞아요. 제자의 단계는 어떻게 되어 있나요?
나	우리의 목적은 모든 열방을 제자 삼는 것입니다. 모든 사람들이 이 목적을 붙잡았으면 좋겠어요. 제자 훈련을 시작해서 마칠 때까지는 약 2년 반의 시간이 필요합니다. 새신자들은 믿는 바를 신실하게 순종해야 해요. 제자란 마땅히 순종하는 사람이어야 합니다. 요한복음 14장에서 예수님은 우리가 서로 사랑하면 그의 계명을 지켜야 한다고 다섯 번이나 말씀하셨습니다. 다음으로, 새신자들의 가장 큰 필요는 그들이 제자로 구비되는 것입니다. 에베소서 4:12에 따르면, 리더들은 성도를 온전케 하여 성도와 리더들이 함께 그리스도의 몸을 세우는 일을 해야 한다고 말

합니다. 그들은 구비되어 의미 있는 사역을 해야 합니다. 예수님은 자기를 순종하는 자들을 그의 친구라고 하셨습니다. 이 단계에서 예수님과 친구의 관계로 나아가게 됩니다. 제자가 교회에서 해야 할 중요한 역할 중 하나는 훈련입니다. 공식적인 훈련도 좋지만, 주로 1:1 훈련입니다. 제자 훈련과 리더 훈련 과정에서 1:1 훈련은 세 개의 다리가 있는 의자의 세 개 다리 중 하나입니다.[9] 하나님이 우리를 구원하신 목적은 우리로 하여금 이미 예비하신 사역을 하게 하려는 것입니다. 에베소서 2:8-10은 이렇게 말합니다. 제자들은 영적인 은사를 사용해야 합니다. 은사를 주신 목적은 하나님이 원하시는 자가 되어 원하시는 일을 하게 하기 위함입니다. 그러므로 교회에서 봉사를 많이 해야 합니다. 왜냐하면 우리가 그들을 가르쳐서 섬김을 받으려 함이 아니고 섬기러 오신 예수님의 본을 따르게 하기 위함입니다. 성숙한 자의 진정한 표시는 섬김을 받는 것이 아니고 남을 섬기는 것이니까요.

그들   동의합니다.

나   사람들은 이런 말을 자주 해요. "교회를 위해 무엇을 할까?" 보다는 "교회에서 무엇을 얻을까?" 라는 말을 더 잘합니다.

그들   아멘!

---

9) 대화 9에서 더 자세하게 설명되어 있다.

나 다음은 리더 단계입니다. 대위임령은 모든 열방을 제자로 삼는 것입니다. 모든 열방이 리더가 되는 것이 아닙니다. 모든 사람이 다 리더가 될 수는 없습니다. 리더를 부르시는 분이 하나님이시므로 하나님의 인도를 받아야 합니다. 우리는 리더 자질이 있는 사람들을 키워서 하나님이 쓰시는 리더가 되도록 해야 합니다. 그들이 리더로 새롭게 세워지면, 역할도 완전히 바뀝니다. 리더들이 많은 일을 잘 한다 해도 슈퍼 크리스찬은 아닙니다. 리더가 제자보다 하나님께 더 특별한 존재도 아니지요. 하지만 리더의 역할은 제자와는 분명 다르며, 중요합니다. 에베소서 4:11-12은 리더의 역할은 성도를 세워 봉사의 일을 하게 하는 것입니다. 성경에 따르면, 성도란 바로 봉사의 일을 하는 자입니다. 봉사의 일은 결코 리더 혼자 하는 일이 아닙니다. 4세기 이래, 성직자와 평신도가 분리되면서 교회는 죽어가기 시작했습니다. 현대 교회에서 가장 공신력 있는 평가에 따르면, 교인의 20퍼센트가 사역의 80퍼센트를 담당한다고 말합니다. 바쁘게 일하는 사람들은 항상 리더들이고, 평신도들은 구경만 하는 경향이 있습니다. 교회는 가족이지, 군중이 아닙니다. 리더들은 성도들을 위해 봉사하는 자들이 아닙니다. 리더들은 성도들과 함께 동행하는 자들이고, 그들을 구비시켜 봉사의 일을 하게 하는 자들입니다. 리더들은 실력을 갖추고 성실하게 일하면, 그들의 역할을 잘 감당할 수 있습니다. 당신의 교회가 혹시 이렇지는 않나요?

그들	맞아요! 교회 안에서 일은 우리가 거의 다 해요. 다른 사람들은 구경만 하고, 우리를 비난만 해요.
나	그래서 체계적인 신학, 설교, 상담 기술, 교회 개척, 가정 사역 등이 필요합니다. 하나님의 종으로서 우리는 교회를 감독하고 보호하도록 부름을 받았습니다. 리더는 이 일을 잘 감당하기 위해서 필요한 지식과 기술을 갖추고 있어야 해요. 리더는 교회를 지켜야 할 뿐 아니라, 동시에 모든 사람들의 모본이 되어야 합니다. 훈련의 단계에 들어가면, 전문 훈련자들이 하는 일은 그들도 역시 교회의 리더들이니까, 리더들이 하는 역할과 다르지 않아요. 리더들은 교회 안의 성도들에게 초점을 맞추고, 전문 훈련자들은 교회의 리더들에게 초점을 맞추어야 해요. 훈련자들은 리더들에게 하나님의 궁극적인 목적을 보여주고, 오늘의 교회의 상황과 비교해 주며, 목표에 도달하기 위해 무엇을 할 것인가를 제시해야 되요. 훈련자들은 현 리더나 리더 대상자들에게 새로운 리더들이 계속 세워져서, 교회가 뒤쳐지지 않도록 해야 한다는 것을 보여 주어야 합니다. 훈련자들은 교회가 성장하고 성숙해지면 타문화권 선교에 초점을 맞추고, 나라 안과 밖의 타문화권 지역으로 가는 선교사들을 후원하도록 인도해야 합니다. 결국, 예루살렘과 온 유대와 사마리아와 땅끝까지 가야 합니다.
그들	어디부터 시작해야 하나요?
나	비전을 제시하는 훈련부터 시작하는 것이 좋아요. 사람들이 같

은 비전을 가질 수 있습니다. 그들이 건강하고, 지속적이고, 재생산하는 이 사역을 왜 해야 하는 지에 대한 뚜렷한 비전이 있어야 해요.

그들   정말 좋습니다. 그것을 하는데 시간이 얼마나 걸릴까요?

나   하루면 됩니다. 여러분의 필요에 따라서 어떻게 훈련할지를 정할 수 있어요. 다음 단계로 나가서 해결책을 만들려면 2주 간의 시간이 필요해요.

그들   우리에게 정말 필요한 것은 새신자들을 위한 사역인데, 제자 삼는 사역을 잘 못해요. 최근 많은 열매를 맺었는데, 새신자들을 어떻게 제자훈련해야 하는 지도 잘 몰라요. 하지만 해 보겠어요.

두 주 후에, 나는 동료들을 불러와서 기대/비전제시훈련을 열었다. 첫 시작이 아주 좋았다. 이 모임은 아직도 계속되고 있는데, 여러 교회의 리더들이 참석하고 있으며, 지난 3년 동안 숫자가 배가되었다.

07 " 다섯 단계 도표 "

어느 날, 한 친구가 가족들과 함께 우리 집에 왔다. 우리 아이들이 웃고 떠들며 같이 놀기 시작했다. 막 저녁 식사를 마치고 난 후 신선한 커피 향을 즐기면서 분위기 좋은 시간을 보내면서, 우리는 또 다른 사역의 문제에 대해 이야기를 나누었다. 대화의 주제는 다섯 단계의 도표에 나와 있는 것들이었다.

그   새신자와 제자를 구별하는 것이 성경적인가요?

나   좋은 질문이네요. 사실 성경은 새신자와 제자를 따로 구별하지는 않아요. 그러나 성경에 나오는 전도는 구원만으로 제한하지 않아요. 천국에 가는 것만을 말하는 구원은 그 본질과 다릅니다. 전도와 제자 훈련도 사실 둘로 나뉠 수 없는 것이지요. 이것은 하나의 과정입니다. 도표는 교회의 리더들과 더 잘 소통하기 위해서 기존 교회 문화를 반영한 것입니다. 많은 경우 이 도표에서 사용하는 용어들을 쉽게 이해할 수 있기 때문에 이 용어들을 사용한 것입니다.

그   맞습니다. 새신자와 제자라는 단어를 사용하는 것이 오히려 문제를 더 복잡하게 만들 수 있을 것 같아요.

나   무슨 말인지 이해해요. 당신이 원하면, 새신자라는 용어를 영적 아기/어린아이로, 제자를 영적 어른/부모라는 단어로 바꾸어 사용할 수 있어요. 우리와 함께 일하는 동역자들은 그들이 섬기는 교회에 맞게 용어를 고쳐서 사용해요. 용어보다 그 용어가 말하는 내용이 더 중요합니다.

그   예. 맞아요. 당신은 이제 함께 일하려는 대상자들이 지금 어떤 상황에 있고, 어디로 가야 하는지를 알고 있는 것 같아요.

나   맞습니다. 가려운 데를 긁어야 하는데, 가려운 데를 찾는 것이 협력의 시작입니다. 우리가 파트너의 가려운 데를 찾지 못하면, 협력 사역을 하기가 어렵습니다. 이 도표는 교회 리더들의 상태가 어떤지를 알아보는데 도움을 주는 진단 도구입니다. 지역 파트너들이 어떤 단계에 있고, 어떤 문제를 가지고 있는지 안다면, 문제 해결을 위해 노력할 수 있습니다. 예를 들면, 지역 리더들 모두가 공통적으로 지적하는 것은 새신자들을 성장시키는 것이었어요. 그래서 우리는 새신자들을 리더로 훈련하는 곳에 많은 시간과 에너지를 투자하고 있습니다. 지난 4년 동안 약 2,000명의 리더들을 훈련하는 일에 최선을 다했습니다. 이와 더불어

3,000명의 리더들이 새신자를 훈련하는 일을 게을리 하지 않도록 최선을 다하고 있습니다.

그   당신이 지역 파트너들과 만났을 때, 그들과 함께 모든 시간을 같이 하고, 모든 것들을 다 나누고 있나요?

나   아닙니다. 그들의 필요에 따라서 필요한 부분만을 채워줍니다. 만일 그들이 재생산, 제자훈련, 생활 적용의 원리 등에 문제가 있다면, 그와 같은 문제들은 외적인 요소와 관련된 것이므로 1-3단계 만을 다루지요. 만일 그들이 더 많은 리더 배출과, 하나님의 말씀 연구를 필요로 한다면, 이것들은 내적인 요소들과 관련이 있으므로 다른 두 단계만을 훈련합니다. 각 단계 안에는 여러 가지 요소들이 내재되어 있는데, 각 단계마다 여섯 가지 중요한 과정들을 다루고 있습니다.

인-앤-아웃의 균형

우리 셋이서 아시아 작은 도시의 해안 근처에 있는 커피숍에 앉아 있었다. 이제 막 장시간의 설교/교육 모임을 끝냈다. 3일 동안 로마서부터 베드로후서까지 강해했는데, 하루만 더 시간이 있었더라면, 신약 개관의 나머지 부분도 다 마쳤을 것이다.

내가 그곳에 도착했을 때, 예상치 못한 일이 일어났다. 그 훈련에 많은 소수민족들도 참석했다. 그들은 글을 잘 읽지 못했으므로 대부분의 교육과정을 구두 표현형식으로 바꿔야 했다. 그것이 신약 개관을 가르치는 대신 설교로 대치했던 이유였다.

커피숍의 풍경과 들리는 소음들은 이제 막 식사했던 음식과는 많은 차이가 있었다. 내가 먹었던 해물들은 아직 뱃속에서 살아 꿈틀거리는 것 같았다. 그러나 커피 맛은 너무 좋았다. 사람들로부터 존경받는 한 자매가 내 앞에 앉아있었고, 좋은 친구였던 한 형제는 내 옆에 앉아 있었다. 저녁 식탁 가운데에는 상어, 조개, 생선, 달팽이, 새우, 고기 등이 냄비 안에서 끓고 있었다. 전에 먹어본 적이 있는 요리인데도 그 비린내가 아직도 옷에 배어있는 것처럼 여겨졌다. 여러 개의 다리가 붙어 있었던 고기도 있었는데, 모든 음식들을 다 보면서 먹는 것도 쉬운 일은 아니었다. 뭐라 말할 수 없을 정도로 감당할 수 없는 음식이었지만, 그 모임만큼은 너무나 차분했고, 분명한 목적대로 진행되고 있었다.

자매   오늘 정말 꼭 필요한 것을 배웠어요. 이렇게 도와주시니 정말 고맙습니다.

나   천만에요. 이것을 하게 되어 정말 영광이지요. 여러분들에게 더 필요한 것이 있나요?

자매   꼭 집어 말하기는 어렵지만, 최근 새신자들이 많아요. 새 그룹들도 많고, 새로 시작하는 교회도 많아요. 하지만 좀 더 성숙한 제자로 키우는 것이 어려워요.

나   그 말은 여러분이 내면에 초점을 맞출 것인가, 아니면 외면에 초점을 맞출 것인가 그런 문제인가요?

자매   그게 무슨 뜻인가요?

나   대위임령은 두 개로 나눌 수 있고, 우리의 선략과 훈련도 두 부분으로 나눌 수 있어요. 첫째는 질적인 면이지요. 제자를 만드는 것입니다. 제자는 하루아침에 만들어지지 않습니다. 제자는 피와 땀과 눈물로 자랍니다. 질적인 면은 그런 과정을 말합니다.

그러나 대위임령은 양적인 면을 무시해서는 안됩니다. 양적인 면은 모든 열방을 의미합니다. 우리를 부르신 목적은 제자 몇 사람만을 만드는 것도 아니고 열방을 새신자의 수준으로만 만드는 것도 아닙니다. 반면 모든 열방을 제자로 삼는 것입니다. 질적인 면은 내적인 성장을 나타내고, 양적인 면은 외적인 성장을 나타냅니다. 내적으로 그리고 동시에 외적으로도 성장해야 합니다. 만일 내적인 성장이 외적인 성장을 가로막거나, 외적인 성장이 내적인 성장을 가로막는다면, 그것은 균형이 깨진 성장입니다. 여러분은 내적인 면과 외적인 면 중 어디에 더 치중해 있습니까?

자매   선생님이 정리해 놓은 것을 본다면, 저희는 외적인 면에 치중되어 있어요.

나   어느 정도로 치중되어 있나요?

자매   무슨 뜻인가요?

나   내가 간단하게 그림을 그려 줄게요. 전도를 통해서 외적으로 성장하고, 안정된 제자훈련과 리더훈련을 통해서 내적으로 균형 있게 성장하는 교회는 이렇게 표현될 수 있습니다.

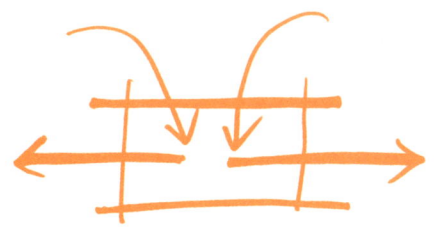

나　그러나 교회가 내적인 것 보다 외적인 것에 더 치중된다면, 이런 그림이 될 것입니다.

나　그 정도가 심하면 심할수록 그림도 더 안 좋아지겠지요. 그러나 교회가 외적인 면보다 내적인 면에 더 치중한다면, 이런 그림이 나옵니다.

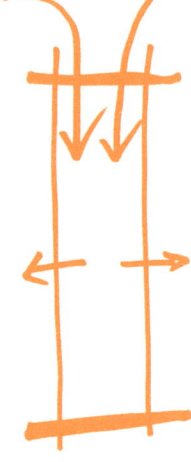

나　현재 상황이 이만 못하다면 그림 또한 그런 상황을 보여줄 것입니다. 이 그림은 외적인 면보다는 내적인 면에 아주 치중된 교회입니다. 여러분의 교회는 어떤 그림일까요?

자매　와! 아주 쉽네요. 우리는 왜 이런 생각을 못했을까요? 외적인 면에 치중된 그림이 바로 우리 교회의 상태를 보여주고 있어요. 이 문제를 해결하려면 어떻게 해야 할까요?

나   재생산하는 교회가 되어야 합니다. 먼저 우리가 하고 있는 이 재생산 사역이 가치 있는 일이라는 것을 분명히 알고 있어야 해요. 현재 더 많은 리더들이 세워진다면 우리가 하고 있는 신학-개발 과정은 분명히 효과가 있을 것입니다. 우리가 2년 전에 도입해서 시도했던 제자 양육-훈련 과정을 계속 유지하고자 한다면, 이 문제가 해결되어야 해요.

그 동안 이 문제를 해결하기 위해, 『비전제시』, 『훈련자를 위한 훈련』(T4T), 『건강한 제자훈련』, 『성경개관』, 『하나님 나라 전략』(KGS) 1 & 2, 『소그룹 사역』, 『창조에서 그리스도까지』(C2C) 등을 다루어 왔다.

회의가 진행되면서, 전에 만들어진 네트워크에 속한 소그룹과 교회의 리더들과 함께 동역할 수 있는 구체적이고 실제적인 방안을 만들 수 있었다. 이러한 성장이 어떻게 정착되어야 하고, 향후 몇 년 동안 계속 이어갈 수 있는지에 대한 방안을 만들었다. 이 네트워크는 60여 개의 소그룹과 교회들로 시작되었고, 이 모임 이후로 4천여 명이 새로 예수님을 믿게 되었다. 또한 이 훈련에 3백여 명의 새로운 리더들이 세워지게 되었고, 함께 개발한 영적 진단 도구를 사용하여, 이들은 건강하고, 지속적이고, 재생산하는 교회로 성장하게 되었다. 기괴한 해산물 요리를 즐겁게 나누면서 한편으로 하나님께 영광을 돌리는 기쁨을 누릴 수 있었다.

09
" 리더 훈련 전략 :
세 개의 다리를 가진 의자 "

　　한번은 우리 팀에서 백 여 명의 목회자와 교회 리더들을 초청하여 신학과 리더 훈련을 동반하는 훌륭한 집회를 열 수 있는 특권을 가진 적이 있었다. 그들이 아시아에 왔을 때, 전문 통역자가 이 사역을 통해 큰 은혜를 받았다. 모든 팀 훈련에는 오리엔테이션과 디브리핑이 있었는데, 이를 통해 참석자들은 큰 그림을 그릴 수 있게 되었다. 미국에서 온 수십 명의 목회자들과 대화하면서 그들이 자주했던 질문은 이런 것이었다. "선교 현장에서 사용된 전력이 과연 미국에서도 통할 수 있을까?" 하는 문제였다. 일례로, 그들은 우리의 리더훈련 전략에 대해 궁금해 했다. 이에 대한 해답은 다음의 세 개의 다리를 가진 의자로 설명될 수 있을 것이다.

나　　우리의 전략은 세 개의 렌즈를 통해 진단해 보는 것입니다. 이 렌즈는 건강하고, 지속적이고, 재생산하는 렌즈입니다. 우리는 무엇보다 하나님께서 이끄시는 과정에 순종해야 합니다. 더 많은 리더를 배출하여 더 많은 교회를 세우고, 그를 통해 더 많은 제자들을 배출하고, 더 많은 새신자들이 나오고, 그리하여 모든 열방이 제자가 되게 하는 것입니다. 이 의자에 붙어 있는 세 개의 다리 중 첫째는 1:1 제자 훈련입니다. 이것은 소그룹 사역을 위한 훈련의 기초입니다. 두 번째 다리는 소그룹 사역입니다. 이것은 대그룹 사역을 위한 훈련의 기초입니다. 대그룹 사역은 세 번째 다리입니다.

그들 1:1 제자 훈련을 어떻게 합니까?

나 새신자를 훈련시킬 때 사용하는 5단계 차트를 기억하세요.[10] 많은 훈련이 요구됩니다.

그들 예.

나 이 훈련은 1:1 제자 훈련입니다. 훈련 과정을 인도하는데 자료가 중요한 것은 아닙니다. 우리가 사용하는 자료는 랄프 네이버가 만든 새신자를 위한 서바이벌 킷과 비슷한 것입니다. 이 과정을 마치는 것이 중요한 것이 아니고, 삶을 어루만짐으로써 새신자들을 멘토링하는 것입니다.

그들 이것을 어떻게 시작할 수 있을까요?

나 리더는 교실에서가 아니라 현장에서 만들어진다는 것을 기억해

---

10) 더 많은 정보와 설명을 위해서 대화 6을 참조할 수 있다.

야 합니다.

그들 우리도 동의합니다.

나 우리 전략의 1:1 제자훈련은 현지 파트너들에 의해 개발된 것입니다. 그들로부터 많은 것들을 배웠고, 그들은 다른 교회들의 네트워크도 소개해 주었습니다. 단순하지만 놀라운 효과를 만들어 냅니다. 1:1 제자훈련을 할 때, 하루 종일 이 자료들을 사용합니다. 그 후에 훈련자들과 함께 분기별로 후속 관리/상호 책임을 시행합니다. 이 자료 역시 아주 단순합니다. 우리가 제안하는 것은 이 자료를 가지고 새신자들을 6개월 동안 훈련해 보라는 것입니다. 어떤 현지 파트너들의 경험에 의하면, 한 명의 새신자나 전도대상자나 방문자들이 첫 모임에 온 후에 6명의 사람들을 알게 되면, 그들 중 몇 사람은 관계가 형성되어 세 가지 요소 중 하나로 연결됩니다. 결과적으로 볼 때, 1:1 제자훈련에서 리더의 역할은 자기가 돌보는 사람들에게 교회 안에 있는 다른 다섯 명의 사람들을 연결시켜주는 일이라고 할 수 있습니다. 예를 들어, 존이라는 사람이 교회에 처음 나온 사람이라면, 교회의 리더는 존에게 가르쳐 주어야 할 것들이 있습니다. 리더는 존에게 마크를 소개시켜 주고, 마크는 존에게 최소한 5명의 인적 사항을 만들어 주어야 하고, 1:1 제자훈련 자료를 주고, 이 자료를 끝내기 위해서 교회 모임 외에 다른 모임을 가져야 한다고 알려 줍니다. 또한 존을 마크의 집에 데리고 가서 기독교 가정이 어떻게 지내는지를 눈으로 보여 주어야 합니다. 집 외에도 공원에서, 커피숍에서, 그외 다른 장소에서 만나서 이런 내용들을 가지고 같이 공부합니다.

나 맞아요. 그는 1일 훈련을 시켰고, 한번에 두 사람 이상을 가르치지 않았어요. 멘토할 사람이 너무 많으면, 아마도 힘이 소진될 것입니다. 리더로서 내 임무는 더 많은 리더들을 세우는 것입니다. 그런 점에서 마크가 과연 교회의 리더로서 적절한 성경적 자질을 갖추고 있는지를 살펴 볼 것입니다. 마크는 성실한가? 목양을 하며, 교회를 보호하고자 하는 열정이 있는가? 그가 믿는 교리는 건전한가? 별 문제가 없다면, 마크에게 소그룹 훈련을 받게 하고, 훈련 후에 소그룹 리더로 임명될 것입니다. 여기서 제가 강조하는 것은 소그룹 안에서 리더들을 배가하고, 리더들이 보다 효과적으로 개발될 수 있도록 격려할 뿐 아니라, 리더가 부족하지 않도록 계속 개발하는 것입니다.

그들 이 웹사이트(www.thehealthydisciple.com)에 나와있는 소그룹 자료들을 가지고 소그룹을 인도하나요?

나 대부분 그렇게 합니다. 꼭 이 자료들을 사용해야 하는 것은 아닙니다. 하지만 많은 사람들이 이 자료들을 사용해서 훈련하고 있습니다. 시간이 지남에 따라서 우리의 파트너들은 훈련 과정에서 배우게 되는 신학과 전략에 동의하게 됩니다. 어떤 교회들은 스스로의 자료들을 개발하여 사용하고, 때로는 일부분을 고쳐

	서 사용하기도 합니다.
그들	그렇다면 그 시스템은 융통성이 있겠네요?
나	융통성을 높이고, 교회 생활 속에서 나타나는 역동적인 변화와 환경에 대처하기 위해서 모듈 방식으로 이 자료들을 만들었습니다. 이것이 바로 우리가 다양한 네트워크를 통해서 여러 교회들과 협력할 수 있었던 이유이기도 합니다. 마크의 예를 봅시다. 소그룹 안에서 리더는 마크가 어떻게 하는지 살펴볼 것입니다. 만일 그가 성실하고, 영적으로 건강하고 성숙한 인간관계를 가지고 있고, 교회를 돌보고 목양하고자 하는 열정을 가지고 있고, 가르치고 설교하는 은사를 가지고 있다면, 리더는 마크를 또 다른 훈련팀에게 보내고, 다른 소그룹 리더들을 관리하게 하며, 대그룹 안에서 설교하고 가르치는 기술을 더 개발하게 할 것입니다. 이렇게 하여 리더를 다른 곳에 찾아 데려오는 것이 아니고, 안에서 세워갈 수 있습니다. 자체적으로 세워진 리더들이 많으면 그들을 선교사로 임명하여 다른 지역으로 파송할 수도 있습니다. 한 지역 교회가 전 세계적 차원에서 대위임령에 참여할 수 있는 기회를 갖게 되는 것입니다.

나는 우리의 『비전 제시』 파일에서 이 그림을 보여 주었다.

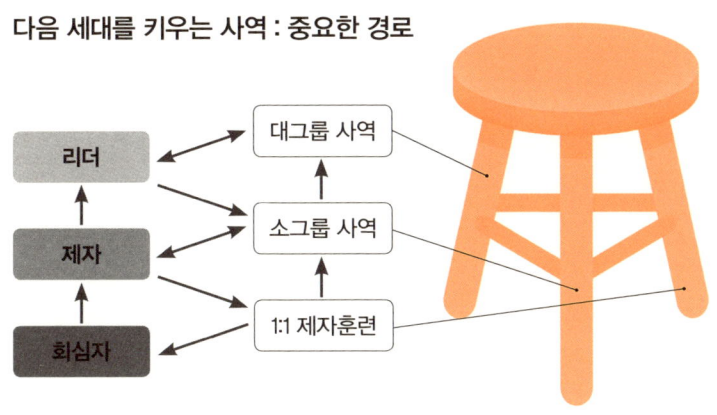

다음 세대를 키우는 사역 : 중요한 경로

그들   그렇군요. 당신은 이것을 '세 개의 다리를 가진 의자 전략'이라고 말합니까?

나   맞아요. 다리 하나가 다른 것들 보다 짧거나 혹시 유실된다면, 그 과정은 효과적이지 못합니다. 의자를 받쳐 주려면 외부의 도움이 필요합니다. 5단계 그림에 나타나는 다섯 가지 단계 모두가 동시에 진행되어야 해요. 이 세 개의 다리 혹은 세 개의 가지가 동시에 개발되어야 건강하고, 지속적이고, 재생산의 결과를 가져올 수 있습니다.

그들   여기에서 이 사역이 잘 된다면, 선교사를 파송하는 나라에서도 이와 같은 훈련을 할 수 있지 않을까요?

나   저도 하고 싶습니다. 우리가 여기서 하는 이 훈련을 많이 바꾸지 않으면서 적용할 수 있는 방법을 찾고 있습니다. 이것들을 활용할 수 있는 창의적인 방법들을 찾고 있어요. 여기서 우리 동역자들과 함께 많은 시간을 보내고 있습니다. 이 훈련은 이벤트성 훈련 과정이 아니고 관계 중심의 훈련 과정입니다. 이 과정을 마치고, 건강하고, 지속적이고, 재생산하는 모델로 전환되는 데까지는 약 1년 혹은 1년 반의 시간이 필요합니다. 미국이나 한국과 같은 선교 파송국가로 가서 이들을 축복하며, 우리가 배웠던 내용과 전략들을 가지고 이들을 훈련하기 시작했습니다. 그리고 여러 가지 훈련 모듈을 이 웹사이트에 올려 놓았습니다. (www.thehealthydisciples.com) 이 훈련을 통해 어떤 일이 일어나는지를 서로 의사소통하기 위해서 동영상 자료도 개발하고 있습니다.

10 "하나님의 비전이로는 무엇인가?"

현지 파트너들 중 한 사람의 고민은 그리스도인으로서, 교회로서 우리의 존재 이유가 무엇인지를 새로 생긴 교회에게 어떻게 설명하느냐는 것이었다. 그들의 모임에 가서 하나님의 비전에 관한 내용에 대해 토론을 인도해 달라는 부탁을 받았다.

어느 화요일 저녁에 작은 아파트 단지에 안에 있는 작은 집으로 들어갔다. 사람들은 그다지 많지 않았는데, 작은 공간 안에 사람들이 아주 조밀하게 모여 있었다. 그 방에서 왼편의 작은 유리 유니콘을 달아 놓은 작은 화분 옆에 앉았다. 그리고, 역시 자그마한 내 성경책을 폈다(온통 작은 것들로 가득 찬 것들이지만). 그러나 지금 말하는 이것은 결코 작은 것이 아니었다. 아마도 가장 큰 것, 곧 하나님의 궁극적 비전이었다.

나　　여러분들은 왜 사십니까?

그들　침묵… 그리고 또 침묵…

여전히 침묵하는 가운데, 그들 중 한 사람이 입을 열었다.

그들　재미있게 살려고요.

모두 웃었다.

나　　정말로… 왜 하나님께서 여러분을 창조하셨습니까?

그들　돈 벌어서 가족들 보살피기 위해서요.

나　　네, 그것도 해야 하지만, 그것이 여러분이 사는 이유는 아니지요. 배보다 배꼽이 커서는 안되잖아요. 왜 사는가 하는 이유와 그 이유를 가지고 어떻게 사는가의 차이를 아는 것이 중요합니다. 그러나 방법이 이유보다 중요하지 않습니다.

그들　무슨 뜻인가요?

나　　자 이제 제가 웃을 차례입니다. 먼저 간단한 퀴즈 하나를 내 볼게요. 여러분이 가고 싶은 곳은 북쪽인데 서쪽으로 간다면, 목적지에 도달하게 될까요?

그들　아니요.

나　　그렇다면 제일 좋은 차를 타고 가면 그곳에 갈 수 있겠지요?

| 그들 | 안되지요. 그런 식으로는 절대 갈 수가 없습니다.
| 나 | 맞습니다. 무슨 말인가요? 그런 여행은 결코 의미가 없어요. 그것이 바로 대부분 우리가 사는 방식입니다. 사람들은 그들이 어디로 가는지 모른 채 살고 있으며, 그들의 삶도 엉망이 돼버립니다. 당신은 먼저 당신이 창조된 목적을 알아야 합니다. 그 다음에 그 목적에 맞추어서 어떻게 사느냐 하는 방법들을 찾아야 할 것입니다. 그렇지 않으면, 목적 없이, 의미 없이 삶을 살아가게 됩니다.
| 그들 | 아, 그런 생각을 해 본적이 없었어요.
| 나 | 우리의 목적을 알려면, 하나님의 말씀에 근거한 다음 네 가지 질문들에 답할 수 있어야 합니다. 무엇을? 왜? 누가? 어떻게? 이 네 가지 입니다. '무엇을'이 의미하는 바는 하나님의 궁극적인 목적입니다. '왜'가 의미하는 바는 하나님이 당신을 창조하신 이유입니다. '누가'는 하나님께 영광을 돌리는 자가 누구냐를 말합니다. '어떻게'는 어떻게 하나님께 영광을 돌리느냐 입니다. 이런 질문에 대해 우리 생각으로 답하려 하지 말고, 하나님의 말씀에 근거하여 대답할 수 있어야 합니다. 맞습니까?
| 그들 | 맞습니다.
| 나 | 자 그러면 우리를 올바른 방향으로 인도해 주는 성경구절을 찾아봅시다. 고린도후서 5:15 입니다. "그가 모든 사람을 대신하여 죽으심은 살아 있는 자들로 하여금 다시는 그들 자신을 위하여

살지 않고 오직 그들을 대하여 죽었다가 다시 살아나신 이를 위하여 살게 하려 함이라" 여러분이 오늘 배워야 할 한 가지가 있다면, 바로 이것입니다. "예수님을 위해 산다." 저와 함께 따라 해 주시겠습니까?

우리   예수님을 위해 산다. 예수님을 위해 산다. 예수님을 위해 산다!

나   성경은 자기 중심적인 삶을 어떻게 평가하고 있는지 알아봅시다. 믿지 않는 자들과 영적 어린아이들처럼, 자기만 아는 사람들입니다. 동방이나 서방 사람 할 것 없이 우리가 추구하는 문화는 불행하게도 자기 밖에 모르는 이기적인 모습입니다. 이 질문에 대한 대답으로 우리의 모습을 충분히 파악할 수 있습니다. "사람들에게 돈 다발이 생기거나, 엄청난 수입이 생길 때, 그들의 첫 번째 반응이 무엇인가요?"

그들   더 큰 집이나 더 큰 차를 사지요.

나   물론 그들의 생활 수준이 올라가겠지요. 이것이 잘못된 것입니까?

그들   아닙니다. 정상입니다.

나   제가 말하고 싶은 것이 바로 이것입니다. 우리는 자기만 아는 이 세상 문화에 눈이 멀어 있어서, 자기 수입이 갑자기 올라가면 자연히 자기 생활 수준도 올라가게 되는데, 아무도 이것이 나쁘다고 생각하지 않습니다. 빌립보서 2:3-4에 따르면 자기 보다 남을 낮게 여기라고 말하고 있습니다. 고린도전서 10:24서도 자기의 유익보다 남의 유익을 먼저 구하라고 말하고 있어요. 고린도후서 5:15은 예수님이 우리를 위해 죽으셨으므로 더 이상 우리 자신을 위해 살지 말라고 말합니다. 남보다 자신을 더 낫게 여기는 것을 역겨워해야 하고, 내게 주신 하나님의 복을 우리 자신만을 위해 사용한다는 것 역시 안타까워해야 합니다. 우리가 마땅히 보여야 할 첫 번째 반응은 어때야 할까요? "내 수입이 늘어 났는데, 이를 통해 어떻게 하나님의 이름을 높일 수 있을까?" 하나님께서 주신 응답이 더 큰 집이고, 더 좋은 차라면 감사하게 받아야 할 것입니다. 이를 통해서 어떻게 하나님의 이름을 높일 수 있을까를 생각한다면, 큰 집을 소유하든 작은 집을 소유하든 무슨 문제가 되겠습니까? 이해되십니까?

그들 와! 전에 이런 것은 생각해 본 적이 없었어요.

나 이 질문에 답을 해 보십시다. 하박국 2:14을 찾아서 읽어 보세요. 다같이 함께 읽읍시다. "이는 물이 바다를 덮음 같이 여호와의 영광을 인정하는 것이 세상에 가득함이니라" 이 말씀에 따르면, 하나님의 궁극적인 목적은 무엇인가요?

그들 하나님의 영광을 인정하는 것이 세상에 가득하게 되는 것입니다.

나 맞습니다.

그들 그것이 무슨 뜻인가요?

나 다소 추상적인 말씀입니다. 좀 더 나가보면 구체적으로 알게 될 것입니다.

나는 네 개의 동심원을 그렸다.

나	우리가 하는 모든 것은 대위임령에 입각하여 궁극적인 목적과 연관되어야 합니다. 무엇을, 왜, 누가, 어떻게에 대한 대답이 큰 그림에 부합되어야 합니다. 우리가 하는 일들이 삶의 중심에 있을 때, 보다 구체적이며 실제적이 됩니다. 태초부터 세상 끝까지, 창세기부터 계시록까지 하나님의 목적은 물이 바다를 덮음 같이 여호와를 아는 지식이 온 땅에 가득하게 되는 것입니다. 질문이 있습니까?
그들	없습니다. 아직은 없어요.
나	무엇을 위해서지요?
그들	하나님의 영광을 위하여!
나	왜죠?
그들	하나님께 영광 돌리기 위해!
나	어떻게요?
그들	열매를 맺음으로!

Q 하나님의 비전은 무엇인가?
A 이 땅에 하나님의 영광을 가득하게 하는 것

Q 왜 당신은 존재하는가?
A 하나님을 영화롭게 하기 위해

Q 누가 하나님을 영화롭게 하는가?
A 제자들

Q 어떻게 우리는 하나님을 영화롭게 하는가?
A 열매를 맺음으로

나   다음 질문은 '왜'입니다. 당신은 왜 사십니까? 대답은 간단하지 않지만, 단순화시켜 한 문장으로 표현할 수 있을 것입니다. 이사야 43:7을 펴서 다같이 읽어 봅시다. "내 이름으로 불려지는 모든 자 곧 내가 내 영광을 위하여 창조한 자를 오게 하라 그를 내가 지었고 그를 내가 만들었느니라" 물론 이 구절은 당시 이스라엘을 위한 특별한 상황에서 주어진 말씀이지만, 오늘 우리에게 적용할 수 있는 진리가 있습니다. 그리스도를 따르는 자로서 당신은 하나님의 이름으로 불려지는 삶을 살고 있습니까, 하나님과 상관없이 불려지는 삶을 살고 있습니까?

그들 우리는 하나님의 이름으로 불려지는 삶을 살고 있습니다.

나   그러면 이 구절에 따르면 하나님은 왜 여러분을 창조하셨습니까?

그들 하나님의 영광을 위하여!

나   그렇습니다. 세상이 창조되기 전에, 하나님은 자기의 영광을 위하여 당신을 창조하셨습니다. 여러분의 영광을 위하여 여러분을 창조하신 것이 아니고, 하나님의 영광을 위하여 여러분을 창조하셨다는 사실을 기억하시기 바랍니다. 세 번째 질문을 보십시다. 하나님께 영광을 돌리는 사람은 누구입니까? 데살로니가후서 1:11-12을 다같이 읽어 봅시다. "이러므로 우리도 항상 너희를 위하여 기도함은 우리 하나님이 너희를 그 부르심에 합당한 자로 여기시고 모든 선을 기뻐함과 믿음의 역사를 능력으로 이루게 하시고, 우리 하나님과 주 예수 그리스도의 은혜대로 우리 주 예수의 이름이 너희 가운데서 영광을 받으시고 너희도 그 안에서 영광을 받게 하려 함이라." 이 구절을 같이 생각해 봅시다. 우선 사도 바울은 데살로니가 교회에게 너희를 위해 항상 기도한다고 기록했습니다. 너희는 단수인가요, 복수인가요?

그들	복수입니다.
나	맞습니다. 바울은 교회에 속한 모든 사람들에게 말하고 있습니다. 교회는 제자들로 이루어지고, 제자들로 말미암아 교회가 이루어집니다. 하나님께 영광을 돌리는 자가 누구인가에 대한 답은 바로 제자들입니다. 여기서 기도의 내용을 보십시오. 바울은 하나님의 부르심에 합당한 자로 여기도록 기도하며, 하나님의 능력으로 믿음의 모든 선한 역사를 이루어 예수 그리스도께 영광을 돌리도록 기도하고 있습니다. 하나님은 그분의 영광을 위해 여러분을 창조하셨습니다. 이 구절이 우리에게 말하는 바는

바로 이것입니다. 하나님께서 창조하신 목적대로, 그분이 우리를 통해 그 일을 이루실 때, 하나님은 영광을 받으신다는 것입니다. 하나님 외에 누가 영광을 받겠습니까?

그들   누가 영광을 돌리는 자라는 말입니까? 우리입니까?

나   그렇습니다. 이것이 바로 "너희도 그 안에서"라는 의미입니다. 예수님은 우리를 위해 죽으셨고, 우리는 그분을 위해 삽니다. 더 이상 우리를 위해 살지 않습니다. 우리는 하나님께 영광을 돌리기 위해 지음 받았고, 우리가 하나님께 영광을 돌리는 삶을 살려고 애쓸 때, 그것이 우리에게도 영광이 됩니다. 모든 것이 그분의 은혜입니다. 이 모든 것들은 "우리가 어떻게 하나님께 영광을 돌릴 수 있는가?" 하는 마지막 질문으로 연결됩니다.

그들   그렇다면, 지금까지 우리가 읽은 바는 우리가 하나님의 영광을 위해 창조되었다는 것입니다. 내가 비록 우리 가게에서 커튼을 파는 장사를 해도, 본래 커튼을 팔기 위해 지음 받은 것이 아니라는 말입니다. 그러므로 커튼 장사를 당장 그만 두라는 말입니까?

나   아닙니다! 커튼 장사를 하되, 하나님의 영광을 위하여 해야 합니다. 사람들에게 물건을 팔 때 정직해야 하고, 고객들에게 복음을 증거해야 합니다. 단지 돈을 벌기 위해서가 아니고, 하나님을 위해서 장사를 해야 합니다. 직원들이 믿는 자라면 그들에게 제자 훈련을 시키고, 믿는 자가 아니라면 그들에게 복음을 전해야 합니다. 그렇다면 커튼 장사도 얼마든지 하나님께 영광을 돌리는 삶이 될 수 있습니다.

그들   그렇다면, 커튼 장사는 세속적인 것이 아니라는 말인가요?

나   절대 그렇지 않습니다! 여러분들은 하나님께 순종해야 합니다. 하나님께 가까이 가기 위해서 꼭 교회에서 풀타임으로 일해야 한다는 말이 아닙니다. 우리가 일하는 모든 것들이 어떤 면에서는 다 영적인 것입니다. 어떤 경우에는 분명히 영적인 것임에도 영적인 것이 아닌 것으로 판단해 버리는 실수를 저지르기도 합니다. 요한복음 15:8을 보십시다. "너희가 열매를 많이 맺으면 내 아버지께서 영광을 받으실 것이요 너희는 내 제자가 되리라" 이 구절을 볼 때, 하나님은 어떻게 영광을 받으신다고 말합니까?

그들   열매를 맺음으로!

나   우리가 예수님의 제자인 것을 어떻게 증명할 수 있을까요?

그들   열매를 맺음으로! 열매가 무엇인가요?

나   여러분이 대답해 보세요. 열매가 무엇인가요?

그들   사람들을 그리스도께로 인도하는 것입니까?

나   물론 그것도 열매 중 하나이지요. 열매는 두 종류가 있습니다. 대위임령 안에 두 가지가 들어있듯이 말입니다 – 내적인 것과 외적인 것. 대위임령의 내적인 것과 외적인 것을 기억하십니까?

그들   예

나   외적인 열매는 여러분이 알고 있는 것들입니다. 전도 사역, 복음 증거, 잃은 영혼 찾기, 가난한 자 먹이기 등입니다. 이것들은 양적인 것들이며, 가시적인 것들입니다. 내적인 열매는 여러분이 볼 수 없고 만질 수 없는 요소들로 구성되지만, 그 열매는 볼 수 있습니다. 갈라디아서 5:22-23에 나오는 성령의 열매 – 사랑, 희락, 화평, 오래 참음, 자비, 양선, 충성, 온유, 절제 등이 여기에 속합니다. 달리 말하자면, 어떤 사람이 안 믿는 사람들에게 매일 전도해서 그들을 예수님께로 인도한 것은 사실입니다. 하지만 여전히 거짓말을 하고 있다면, 그것은 하나님께 영광을 돌리는 것이 아닙니다. 반대로 온유하고 정직하고 인내가 많은 사람이라도 복음을 전하지 않으면, 믿음을 전하지 않으면 하나님께 영광을 돌릴 수 없습니다. 이 영역에서 균형이 필요합니다.

그들 아, 이 점이 다르군요.

나 하나님께서 여러분을 특별한 일을 위해 특별하게 창조하셨다는 사실을 기억해야 합니다. 예수님께서 여러분을 위해 죽으시고 다시 사셨으니, 이제는 더 이상 여러분 자신을 위해 살아선 안 됩니다. 여러분은 선한 일을 하기 위해 구원받았습니다. 저와 함께 따라 해 주시기 바랍니다. "나는 예수님을 위해 산다"

그들 나는 예수님을 위해 산다.

나 이제 저를 따라 이렇게 말해 주세요. "나는 선한 일을 위해 구원받았다." 에베소서 2:8-10을 찾아보고 함께 읽읍시다. "너희는 그 은혜를 인하여 믿음으로 말미암아 구원을 받았으니 이것은 너희에게서 난 것이 아니요 하나님의 선물이라 행위에서 난 것이 아니니 이는 누구든지 자랑하지 못하게 함이라 우리는 그가 만드신 바라 그리스도 예수 안에서 선한 일을 위하여 지으심을 받은 자니 이 일은 하나님이 전에 예비하사 우리로 그 가운데서 행하게 하려 하심이니라" 여러분의 선한 행위가 여러분을 구원할 수 없습니다. 그러나 우리는 선한 일을 위해 지으심을 받은 자들입니다. 8절과 9절은 그 은혜를 인하여 믿음으로 말미암아 구원을 받았다고 분명하게 말하고 있습니다. 그러나 10절은 우리가 구원을 받은 목적을 말하고 있습니다 – 적어도 이것은 우리가 구원받은 목적의 일부임이 분명합니다. 우리는 하나님의 작품이며, 그리스도 안에서 선한 일을 위해 지음 받은 자들입니다. 이 세상이 조성되기 전에 하나님은 여러분을 만드실 생각을 하셨고, 하나님은 여러분에게 구체적인 선한 일을 할 수 있는 재능을 주셨습니다. 여러분들이 그 일들을 할 수 있도록 이미 만들어져 있었습니다. 여러분은 하나님께 영광 돌린다는 일반적인 목적과 더불어 하나님께서 여러분 각자에게 맡기신 선한 일을 해야 한다는 특별한 목적도 가지고 있습니다.

그들 하나님께서 특별한 목적을 가지고 우리를 만드셨다는 것을 몰랐습니다. 이 사실은 우리가 하나님 안에서 가치 있는 존재라는 사실을 더 분명히 깨닫게 해 줍니다.

나 그래요. 이 모든 것들은 하나님의 궁극적 비전과 연관이 되어 있습니다.

그들	어떻게요?
나	하나님의 목적은 하나님의 영광이 온 땅에 가득하게 되는 것이고, 제자들이 하나님께 영광을 돌립니다. 우리가 하나님 안에 거할 때, 열매를 맺어, 하나님께 영광을 돌리고, 그분의 능력은 우리를 통해 흘러나와 하나님의 영광으로 흘러 갑니다. 하나님은 자신의 영광을 위해 여러분을 창조하셨고, 여러분은 하나님이 전에 예비하셔서, 예수 그리스도 안에서 선한 일을 위해 지음 받은 자들입니다. 하나님께서 이 모든 것을 친히 행하셔서, 모든 세계가 하나님께 영광 돌리는 제자들로 가득할 것이고, 하나님의 영광을 아는 지식이 온 땅에 가득하게 되는 궁극적인 목표가 마침내 실현될 것입니다. 이것이 바로 우리가 모든 열방을 제자 삼는 이유입니다.
그들	와! 지금까지 대위임령을 그저 부담으로만 생각했었는데…
나	우리가 대위임령을 올바르게 바라본다면, 이것은 결코 부담이 아니라 축복입니다. 하나님께서 우리를 개인과 교회로 창조하신 목적 그대로 우리가 행한다면, 하나님께서 우리를 통해 일하시고 영광을 받으실 것입니다. 하나님께서 우리를 부르셔서 하고자 하시는 일을 하고, 되고자 하는 자가 될 때 우리 안에 진정한 만족이 찾아올 것입니다. 하나님은 이미 여러분이 가야 할 길을 정해 놓으셨습니다. 여러분이 해야 하는 일은 하나님의 뜻에 따라 하나님의 길을 걸어가는 것입니다. 그러면 마침내 그리스

도인의 삶의 기쁨을 경험하게 될 것입니다. 저와 함께 따라 해 주세요.

모두   나는 예수님을 위해 산다!

이 훈련을 마칠 때, 교회의 일꾼 중 한 명이 광고를 했다. "제가 예수님을 믿은 지 10년이 되었는데, 이제 저는 진정한 목적을 가지고 예수님을 따르는 자라고 말할 수 있게 되었습니다."

11 "훈련계획 수립"

　동아시아 대도시 한 복판에 위치한 고층 아파트의 호화로운 거실에서 나온 12명의 교회 리더들이 한 장소에 같이 모였다. 그들은 모두 질문들이 빼곡히 적혀있는 카드를 들고 있었다. 상당히 긴장된 분위기였는데, 첫 번째 훈련을 이런 분위기 속에서 하고 싶지는 않았다. 첫 번째 훈련 주제는 네트워크 안에 있는 모든 주요 리더들에게 비전을 던져주는 것이었다. 이것을 하는 이유는 과연 우리 모두가 이 일에 함께 동역할 수 있는지를 그들로부터 확인하고 싶었기 때문이다. 그러나 그들에게는 하고 싶은 일들이 따로 있었다. 그들을 비난하고 싶은 마음은 없었지만, 그들이 원하는 것이 무엇인지 미리 내게 알려 주었다면 좋았을 것이라고 생각했다. 당시 나의 언어 수준이 중급 이상은 된다고 생각했었는데, 말의 뉘앙스까지 파악할 정도는 아니었다. 특별히 신학적인 분야에서는 더 그랬다. 나중에 알게 된 것이지만, 말로 인해 생기는 미묘한 문제들에 대해서 기억하고 싶지 않았고, 동역자들 역시 같은 실수를 되풀이하지 않으려고 애썼다. 그들이 영적으로 건강하지 못했기 때문에 그럴 수도 있었지만, 한 가지 확실한 것은 그들의 마음만큼은 진심이라는 것이었다.

하나님은 과연 내가 그들에게 나의 시간과 에너지를 쏟아 그들과 동역하기를 원하시는지 알고 싶었다. 그들이 나를 평가하리라고는 예상하지 못했는데, 오히려 내가 그들을 평가하고 있었다는 사실을 그들도 몰랐을 것이다. 그들은 나에게 꼬리를 물고 질문을 던졌고, 나는 그들이 알기 원하는 것들을 대답해 주었다고 생각했다. 그들은 가벼운 신학적 질문부터 시작하여 실제적인 교회 행정 문제까지 질문했다. 그때 주고 받은 대화들은 너무 적나라하고 복잡한 것이어서 여기에 다 기록할 수는 없다.

대화가 끝날 무렵, 진지하고 심각했던 표정들이 조금씩 밝아지기 시작했다. 그들은 잠시 동안 급히 상의하더니, 나에게 잠시 다른 방에 가 있어 달라고 부탁했다. 그 방에서 대기하면서 아파트 아래 쪽에 나 있는 번잡한 고속도로를 바라보았다. 멀리 웅장한 기차역이 보였다. 이 지역의 수많은 사람들이 이 고층 아파트에 운집하여 살고 있었다. 3년 전부터 세워졌던 고층 아파트들을 헤아리다 보니 23동까지 셀 수 있었다.

그들이 다시 나를 불러 자기들이 있는 곳으로 오라 했다. 내 상상력은 거기서 멈춰졌다.

리더1   지금까지 우리의 질문에 잘 대답해 주셔서 감사했습니다. 당신은 우리에게 건강하고, 지속적이고, 재생산하는 전략을 말하면서, 하나님이 부르신 사람이 되고, 하나님이 하라고 맡기신 일들을 할 수 있도록, 우리를 도울 수 있다고 했는데, 그 계획이 무엇입니까?

나   내가 여러분들에게 보여주었던 5단계를 기억하십니까?[11]

리더2:   예.

나   자! 여기에 새신자와 제자들의 필요를 채워줄 수 있는 5년 반 기간의 훈련 모듈이 있는데, 이를 통해 그들을 의도적이고, 건강하고, 지속적이고, 재생산할 수 있는 자들로 자라게 할 수 있습니다. 훈련 모듈을 나타내는 차트가 아래에 있습니다.

리더1   이것들을 우리들에게 설명해 주시겠습니까? 이 내용들을 들어본 적이 없습니다.

---

11) 대화 6에서 자세한 정보를 확인할 수 있다.

훈련 경로

나는 그들에게 각각의 모듈이 어떻게 진행되는지, 각각의 모듈이 무엇을 의미하는지 자세히 설명했다.

나   나는 여러분들에게 『건강한 제자』 모듈부터 시작하기를 제안합니다. 이 과정을 통해 내가 여러분을 더 잘 알게 되고, 여러분도 나를 더 잘 알게 될 것입니다. 지금까지 여러분들에게 필요한 것들이 무엇인지 말씀해 주셨는데, 내가 생각하기에 이것부터 시작하면 제일 좋을 것 같습니다. 다른 그룹들의 필요와 비교해 볼 때, 여러분들의 필요는 아주 광범위한 것 같습니다. 나는 여러분들을 축복하고, 사랑하고, 섬기고, 그리고 권면하기 위해 왔습니다. 그러나 그 전에 여러분들이 정말 원하는 것이 무엇인지를 여러분들로부터 직접 듣고 싶습니다.

리더2 이 모든 것들이 다 필요하지만, 이것들을 한번에 다 할 수는 없잖아요? 전에 다른 선생님들은 자신들의 계획과 어젠다들을 우리에게 강요하다시피 전달해 주었는데, 당신이 말하는 것은 우리에게 필요한 것이 무엇인지 먼저 찾고, 그 후에 이것들을 어떻게 채워나갈 것인지를, 같이 연구해 나가자는 말입니까?

나 맞아요. 나는 최선의 길을 가기 원합니다. 하지만 그것이 무엇이든 건강하고, 지속적이고, 재생산할 수 있는 것이어야 합니다. 내가 여러분을 훈련한다면, 여러분이 훈련받은 것에 그치지 않고, 여러분들이 다른 사람들을 훈련할 수 있고, 여러분을 통해 훈련받은 사람들이 또 다른 사람들을 훈련할 수 있는, 재생산하는 훈련을 할 것입니다.

리더1 그렇다면 이 훈련에 누가 와야 하나요?

나 현재 소그룹을 인도하는 사람, 혹은 앞으로 인도할 계획이 있는 사람들이 올 수 있습니다. 리더들과 훈련자들이 다른 사람들을 가르칠 수 있도록 훈련합니다. 배운 바를 재생산하고 싶은 마음이 없는 사람들은 이 훈련에 올 필요가 없습니다. 이 훈련을 시작하는 처음 시간부터 마치는 시간까지 성실하게 참여할 수 있는 사람들이 와야 합니다. 오고 싶을 때만 오는 사람은 곤란합니다. 그런 식으로 훈련을 받는다면, 아무 것도 할 수 없습니다. 여러분은 성실하게 훈련에 참여하시겠습니까?

모두 예. 우리도 그렇게 해야 한다고 생각합니다.

나 내가 바라는 것은 돈이 아닙니다. 순종과 성실입니다. 여기 내 바인더가 있습니다. 이 바인더는 모든 훈련 과정을 정리해 놓은 것입니다. 여러분에게 이것들을 드리겠습니다. 가지고 가서 공부하세요. 여러분들이 꼭 배웠으면 하고 내가 바라는 것들이 있습니다. 그것들을 공부하십시오. 나는 여러분에게 이것만이 최상이라고 말하고 싶지 않습니다. 나중에 여러분들이 다른 모듈을 배우고 싶다면, 필요에 따라 조절할 수 있습니다. 어떻게 생각하십니까?

리더1 좋다고 생각합니다. 우리가 지금 배우는 것은 『건강한 제자』 모듈인데, 이것이 우리 모두를 위해 좋은 출발점이 된다고 생각해요. 어떻게 생각하세요?

모두 좋습니다.

나 좋아요. 언제 시작할까요? 여러분 모두는 풀타임으로 일하는 사람들입니다. 여러분에게 좀 더 편리한 시간으로, 주중에 한 날을 정해서 만날 수도 있고, 격주에 한번씩 만나는 것도 좋습니다. 이 스케줄대로 『건강한 제자』 훈련 모듈을 마치려면 넉 달은 족히 걸릴 것입니다. 그럼 여기서 어떻게 해야 할지 결정해야 하겠군요. 좋습니까?

| 리더1 | 예, 좋습니다. |
| 나 | 좋아요. 당신의 집이 우리 집과 아주 가깝습니다. 당신 집에서 하면 시간을 많이 절약할 수 있을 것 같습니다. |

『건강한 제자』 훈련기간 동안, 그들에게서 건강하지 못한 많은 문제점들이 드러났다. 모든 문제들을 해결하기 위해 열심히 일했고, 『건강한 제자』 훈련과정을 4개월 안에 마치려고 애를 썼다. 이 과정을 통해서 그들이 제기한 모든 문제들이 모두 다뤄졌다. 훈련 일정이 끝난 후에 그들은 다시 『T4T』 시리즈를 공부했다. 『T4T』는 3/3 방식을 사용하여 『건강한 제자』 훈련과정을 공부하는데, 이 과정에서 제자훈련이 자연스럽게 이루어진다. 『T4T』에 관한 더 알기 원한다면 스티브 스미스와 잉카이의 책, 『T4T:제자훈련의 재혁명』을 참조할 수 있다.

이 모임 후, 몇 년 동안 우리는 이 훈련과정을 포괄적으로 다시 개발했다. 이 과정에는 리더 개발, 제자훈련 과정 등도 첨가되었다. 우리와 연관되어 소규모의 네트워크 안에는 아직도 복음을 들어본 적이 없는 사람들이 많은데, 이 훈련을 통해 약 1천 명의 사람들이 예수님을 믿게 되었다.

12
"훈련계획 수립 2차"

　미국에서의 바쁜 일정을 마치고 다시 동아시아로 돌아왔을 때, 전화가 왔다. 전화를 건 사람은 동갑이라는 이유로 나와 각별하게 지내는 현지 파트너였다. 다른 현지 파트너들 중 대부분은 나보다 나이가 많았다. 6개월 전, 현지에서 미국으로 떠나기 일주일 전에, 그가 내게로 와서, 많은 관심을 보이며 나와 긴밀하게 일하고 싶어했다. 6개월이 지나, 다시 현지로 돌아왔다. 그의 마음이 혹시 변하지 않았을까 염려도 되었지만, 그가 내게로 찾아와서, 그의 계획을 보여주었을 때, 놀라지 않을 수 없었다.

　우리가 서로 알게 된 지 3년이 넘었다. 그 동안 그와 함께 여러 가지 훈련을 했었다. 그의 집은 우리 집에서 멀리 떨어져 있었는데, 미국으로 떠나기 전에 그에게 바인더 하나를 주었다. 그 동안 그는 그 바인더의 내용을 다 읽었던 것이다. 시차로 몸이 피곤했지만, 기대하는 마음으로 멀리서 온 그를 외면할 수 없었다. 거실에 앉아서 커피와 차를 마시면서 대화를 나누었다.

그　당신이 돌아와서 정말 기뻐요.
나　다시 만나서 반가워요.
그　당신이 준 바인더를 모두 공부했고, 우리 동역자들과 만나서 회의하고 결정했어요. 두 달에 한번 우리 교회에 와서 우리를 훈련시켜 주세요. 믿는 자들의 첫 세대와 두번째 세대의 리더들을 모아 놓겠습니다. 훈련 받은 사람들은 세 번째 세대의 리더들을 훈련시킬 것이고, 네 번째 세대의 리더들이 생기면, 두 번째, 세 번째 리더들이 그들을 가르칠 것입니다. 이 계획에 대해 어떻게 생각하세요?

　시차적응으로 피곤했던 나는 갑자기 정신을 차리게 되었고, 흥분된 마음으로 그에게 가까이 다가갔다.

나　정말 좋습니다. 어떤 모듈을 하기를 원하세요?
그　당신이 전에 하나님의 비전과 더불어 건강하고, 지속적이고, 재생산하는 사역을 강조하면서 대위임령을 우리에게 일깨워 주었던 것을 기억합니다. 우리들에게 지금 시점에서 가장 필요로 하는 것은 체계적인 신학 훈련과 재생산하는 훈련입니다. 소그룹에 관한 훈련도 필요합니다. 지금까지 당신으로부터『건강한 교회』,『성경 개관』,『C2C』,『T4T』훈련을 받았고, 이 프로그램들의 사용법에 대해 대략적으로 배웠습니다. 재생산하는 차원에서 교회를 개척할 때 이런 방법들을 활용해야 되겠어요. 맞습니까?

나   네 맞습니다. 두 가지 훈련 과정을 동시에 하기를 원하는 것 같은데요? 맞습니까?

그   당신이 제시해 준 대로 따르고자 합니다.

나   그러면 우선 선교 파송국에서 두 달에 한번씩 목사님들을 초청해서 World Hope Bible Institute[12]에서 나오는 자료를 가지고 신학 훈련을 시켜드리겠습니다. 그와 더불어 비전 캐스팅과 실제적인 제자훈련을 통해 그것들이 사역에 접목될 수 있도록 하겠습니다. 또한 분기별로 소그룹 안에서 제자훈련 모듈을 사용하여『T4T』스타일의 전략을 훈련할 계획입니다. 괜찮으시겠습니까?

그   물론이지요. 제가 달력을 가져올게요. 지금 시간을 정해도 될까요?

나   좋아요. 아주 흥분됩니다. 행정 업무들에 관해서 누구와 상의해야 하나요? 숙소를 정하고 교재를 복사하는 일 등으로 당신을 번거롭게 해 드리고 싶지 않습니다.

그   그 점에 대해서는 제가 따로 말씀드리겠습니다. 우리에게 시간

---

12) 대화 16에서 자세하게 설명된다.

을 내 주어서 정말 감사합니다.

나 천만에요. 그것이 우리가 여기에 와 있는 이유입니다.

그 알아요. 알아요. 당신은 우리를 축복하고, 사랑하고, 섬기고, 권면해서 우리로 하여금 하나님이 하라는 것을 하고, 되라는 자가 되게 하기 위해 이 자리에 있는 것이지요.

정말 놀라운 열매를 맺게 되었다. 지난 3년 동안 그들은 자기 교회에서 지원하는 현지인 선교사들 몇 명을 파송해서 5만 명 이상의 영혼들에게 복음을 증거했고, 800여 명이 침(세)례를 받았으며, 12개 이상의 교회가 개척되었다.

사전 학습 : 사전 학습을 하는 이유

왜 우리가 이 사전 학습을 하는지에 대한 많은 질문을 받았다. 질문하는 이유 역시 다양했다. 사전 학습을 한다는 것은 성령님을 덜 의지하는 것이라고 말하는 사람도 있고, 재생산하는 데 효과적이지 않다고 말하기도 하고, 사전 학습은 성경에 나와있지 않다고 말하기도 한다. 사전 학습을 하는 것에 대해 터무니 없는 주장을 하는 사람도 있었지만, 한편으로 진정으로 염려해 주는 사람들도 있었다.

우리의 훈련 모듈에서는 사전 학습을 많이 사용하기 때문에 사람들은 이 문제에 대해 내 생각을 듣고 싶어 했다. 동아시아에서 큰 집회를 하는 동안, 휴식시간에 많은 사람들이 내 주위에 몰려들었다. 점심 시간이라서 그런지 아래 층으로부터 음식 냄새가 피어 올라왔고, 햇빛 광선이 방안으로 비치고 있었다.

그 　당신은 사전 학습을 늘 그렇게 많이 사용하십니까? 그것이 재생산하는 과정에서 방해되지는 않나요?

나 　절대 그렇지 않습니다. 처음에는 재생산을 방해 할지 모른다고 염려했는데, 재생산을 방해하는 요인은 오히려 다른 곳에 있다는 것을 발견했습니다.

그 방해 요인은 학습자들을 통제하는 것이었습니다. 지수 도표를 사용해서 건강한 교회를 낳는 건강한 교회 개척에 관한 자료들을 발표할 때마다 제기되었던 공통된 문제는 개척된 교회들을 통제할 수 없다는 것에 대한 두려움이었습니다. 이 두려움은 말로는 표현되지 않았지만, 시간이 갈수록 분명히 드러나기 시작했습니다.

그 　사전 학습이 어떻게 이 문제를 해결할 수 있습니까?

나 　두 가지가 있습니다. 첫째는, 현지 파트너 대상자들에게 사전 학습 바인더를 주고 훈련 내용을 공개함으로써 그들과 동역할 수 있는 여지를 사전에 알려주는 것입니다. 훈련 내용을 미리 살펴본다면, 우리가 강조하는 바가 '평범한 것이 중요한 것'임을 곧 알게 될 것입니다. 그것을 통해 훈련하는 우리가 이기적인 목적 달성을 위해 그들에게 미끼를 던지는 것이 아니라는 것을 깨닫게 될 것입니다. 둘째는, 이 사전 학습은 훈련생들에 대한 통제에서 자유롭게 해 줍니다. 왜냐하면 훈련생들이 다른 사람들을 훈련할 때, 주어진 교안에 따라 정해진 과만 가르쳐야 합니다. 정해진 과에서 곁길로 나갈 수 없게 되어있습니다. 이를 통해 상급 리더들은 차세대 리더들이 엉뚱한 곳에서 배운 이단적 내용을 자기 마음대로 가르칠 수 없고, 정해진 내용대로 하나님의 말씀만을 가르친다는 것을 알고 안심하게 됩니다. 또한 소그룹과 개척된 교회 안에서 다루는 내용이 무엇인지 이미 알고 있기 때문에 마음을 놓게 됩니다. 이를 통해, 경험이 부족한 젊은 리더들도 체계적으로 제자훈련 전략을 배워서, 그 전략에 따라 제자훈련을 시작할 수 있게 해 줍니다. 시간이 지나면서, 상급 리더들은 차세대 리더들에게 그들의 리더십을 서서히 이양해 주고, 마침내 완전히 이양되는 단계에 이르게 됩니다. 이런 과정을 통해서 차세대는 현 세대의 수준을 뛰어 넘어 더욱 성장하게 됩니다.

그   와! 저는 거기까지 생각하지 못했어요. 사람들을 훈련할 때, 일반적으로 처음에는 누가복음, 다음에는 사도행전, 그 후에는 서신서, 이런 순서대로 귀납적 본문 성경공부를 해야 한다고 말하는데, 어떻게 생각하세요?

나   하나님의 말씀을 공부하는 것은 좋습니다. 만일 여러분 교회에서 하나님의 말씀을 잘 알고 있고, 신학적 기반이 튼튼한 성숙한 신자들이 많이 있으면, 그런 전략도 좋습니다. 그러나 이 전략은 성경적 이해가 없는 새신자나 아직 성숙하지 못한 신자들에게는 너무 어려운 과정이 될 수 있습니다. 성경해석을 잘하는 사람조차도 자기도 모르는 사이, 쉽게 이단적인 것들을 가르칠 수 있습니다. 이것이 바로 상급 리더들이 두려워하는 것이고, 교회가 성장하기는커녕 오히려 이단적인 요소들만 양산하게 되는 결과를 가져오게 됩니다. 저는 이런 부작용을 잘 알고 있습니다. 또 다른 문제는 이제 막 믿게 된 사람들이 겪는 문제인데, 누가복음이나 사도행전에서 배울 수 없는 것들입니다. 만일 누가복음, 사도행전만을 새신자들에게 가르친다면, 그들은 우상숭배, 부도덕한 상거래, 가정생활, 혼전순결 등 일상 생활과 연관된 내용들을 배울 수 있는 기회를 갖지 못합니다. 사전 학습 안에는 일상 생활 속에서 당면한 문제들을 다루는 주요 성경 구절들이 모아져 있고, 그 하나님의 말씀을 적절한 때에 적절한 방법으로 믿는 자들이 배울 수 있게 해 주고, 신속하고 효과적으로 믿음 안에서 성장할 수 있도록 도와줍니다. 물론 완전한 훈련 모듈이란 없습니다. 우리의 경험에 기초해서 당면한 필요들을 가장 적절한 때에 제공할 수 있는 학습을 개발하고자 했습니다. 물론 예외도 있고. 성장하는 속도도 사람마다 다를 수 있습니다. 사람에 따라 고민하는 분야도 다릅니다. 그러나 대체적으로 사전 학습에서는 가장 필요하다고 여겨지는 내용들을 다루고자 했습니다.

그 그러면, 이 모듈은 이전 단계에서 다음 단계로 차례로 세워져 가는 하나의 시스템과 같은 것입니까?

나 기본적으로 그렇습니다. 각각의 모듈은 순차적으로 세워져 나

갑니다. 그러나 다음 단계를 이해하기 위해서 이전 단계를 반드시 공부해야 하는 것은 아닙니다. 모듈을 전체의 시스템 안에서 사용한다면 교회의 실제적인 필요에 따라 융통성 있게 사용할 수 있습니다. 제 설명이 당신 질문에 답변이 되었다고 생각하십니까?

ㄱ 그렇습니다. 이해가 됩니다. 당신이 섬기고 있는 목표 대상 그룹들의 문맹률은 어떻게 되나요?

나 거의 다 글을 읽을 수 있습니다. 물론 그들은 구술 학습자입니다. 구술 학습의 전통을 가지고 있기 때문에, 우리의 훈련 모듈에서 문어체 방식을 사용한다 해도, 구술 방식을 더 많이 사용할 필요가 있습니다. 그들은 이 모든 과정에서 우리가 생각했던 것들을 모두 배우고 싶어합니다. 물론 우리가 그들과 함께 모든 과정을 함께 계획했다 해도 마찬가지 입니다. 모든 것을 그들과 함께 하는 것이 진정한 협력에 도움이 됩니다.

ㄱ 이렇게 오랜 시간 모든 것을 설명해 줘서 감사합니다. 이제 많은 것들을 분명하게 알 수 있게 되었습니다. 배가 출출하네요. 점심으로 무엇이 나오는지 볼까요?

나 봅시다! 저도 배가 고픕니다. 음식 냄새가 아주 좋아요. 점심식사가 없다면 하루 일과가 너무 힘들고 재미없을 것 같습니다. 가서 확인해 봅시다. 점심 식사하면서 더 이야기 나누지요.

그와 대화를 하고 난 후, 우리는 사전 학습 웹사이트의 영어 버전을 만들었다. 모든 사전 학습 훈련 모듈은 www.healthydisciple.com 에서 확인할 수 있다.

" 선교사에 대한 부정적 편견 "

함박눈이 내리던 날, 우리 아이들은 현지 학교에 있었다. 아이들이 없어서 그런지 집안은 아주 조용했고, 그새 내린 눈 때문에 도로는 무척 혼잡했다. 그 때 우리 집에서 훈련을 하고 있는 중이었다. 갑자기 밖에서 문 두드리는 소리를 듣게 되어 안에 있던 우리 모두는 바짝 긴장했다. 다행히도 그는 다름 아닌 현지 동역자 중 한 노인이었다. 그는 기차를 타고 그 도시까지는 올 수 있었지만, 날씨 때문에 택시를 탈 수 없었다고 했다. 이때쯤이면 그가 이곳에 방문할 것이라고 모두가 예상했을 텐데 아무도 나에게 그가 이곳을 방문할 것이라고 말해 주지 않았다. 그에게 커피를 만들어 줬고, 거실에 앉아서 그와 대화를 나눴다.

바람이 너무 세서 밖에 내리는 눈발 하나하나가 창문을 세차게 때리고 있었고, 그 눈발들은 창틀 아래로 미끄러져 내려가고 있었다. 하고 싶은 말을 한 후에, 그가 이곳에 왜 왔는지를 말해 주었다. 그는 이 나라의 여러 지역에서 일하고 있는 동역자들을 만나고 돌아오는 길이었는데, 그들과 함께 일했던 몇몇 선교사들의 행동과 활동에 대해서 걱정하고 있었다.

그들의 삶이 현지인들에게 도움이 되기는 커녕 오히려 시험 거리가 되고 있지 않으냐고 내게 질문했다. 그 질문은 나로 하여금 이 나라 전 지역에서 일하는 현지 동역자들을 대상으로 비공식적인 조사를 착수하게 되었고, 선교사가 현지인들과 어떻게 동역해야 하는지 배우게 되었다.

나   사람들은 이 나라에 온 선교사들에 대해서 어떻게 생각하고 있습니까? 당신의 동역자들은 외국에서 온 선교사들에 대해 어떻게 생각하고 있나요?

그   파송교회와 선교사들을 생각할 때, 우선 하나님 나라를 위한 그들의 수고와 희생에 대해 깊은 감사를 드립니다. 하지만 그들을 생각할 때 내 마음 속에 떠오르는 모습은 우리와 함께 일하는 것이 아니고, 혼자서 일하고 있다는 것입니다.

나   (잠시 충격을 억누르면서) 왜요?

그   두 가지 이유가 있어요. 첫째, 대부분의 외국 선교사들은 우리가 무엇을 원하는지, 무엇을 필요로 하는지를 묻지 않고, 그들 자신의 목적과 프로젝트를 달성하는 데에만 관심이 있어요. 우리는 어린아이도 아니고, 외국 선교사들이 우리의 큰 형님도 아닙니다. 하나님께서 여러분 모두를 이곳에 오게 하신 이유는 우리에게 아직도 그분들의 도움이 필요하기 때문이지만, 우리도 그렇게 무능하지만은 않습니다. 두 번째, 선교사들은 기쁨으로 우리를 돕는다고 하지만, 하나님 나라를 위해, 교회와 함께 일하는 것 같지는 않습니다.

나 왜 그렇게 생각합니까?(퉁명스럽게 물었다)

그 선교사들이 사는 집을 보세요. 어떤 집에서 살고 있습니까? 선교사들이 사는 집을 여러 군데를 가보았는데, 내가 본 집들은 그 동네에서 제일 좋은 집이었어요. 그런데 전도지나 성경책을 사거나, 훈련센터 혹은 현지 선교사들을 후원하는 데에는 인색했어요. 솔직히 저희는 외국 교회와 선교사들에게 재정적으로 의존하고 싶은 마음은 없어요. 우리가 원하는 것은 돈이 아니고 진정한 동역입니다.

나 선교사들에게 의존하는 것은 건강한 관계를 유지하는 데 도움이 되지 않습니다. 동의하십니까?

그 네 동의합니다. 우리는 지금 상황에 자족합니다. 그러나 좋은 집에 살면서 현지 동역자들을 돕는 데에 인색한 선교사와는 동역하고 싶지 않습니다. 동의하십니까?

나 예, 동의합니다.

그 예를 들어, 내 동료 중 한 사람은 선교사의 소개로 먼 곳에 가서 훈련을 받았어요. 훈련이 끝난 후에 부부는 집으로 가기 위해 훈련장을 떠났지만 시간이 너무 늦었어요. 심한 폭풍으로 인해서 교통마저 두절되어 도로에서 발이 묶여 버렸습니다. 바깥 기온은 뚝 떨어져 너무 추워서 그들은 선교사에게 전화를 걸어 그 집에서 하루 묵고 갈 수 있을지를 물었어요. 선교사는 집 대신에 호텔로 가라고 했대요. 내 동료는 그 시간에 호텔을 찾을 수 없어서, 그 추위에 밖에서 밤을 새울 수 밖에 없었어요. 다음 날 그들이 집에 돌아 왔을 때, 둘 다 앓아 누웠어요. 그들과 선교사와의 관계는 어떻게 되었겠어요. 지금 그는 선교사의 전화도 받지 않습니다. 그들과의 관계는 깨졌고, 회복하기 어렵게 되었어요. 하지만 그 선교사는 그로부터 실적을 보고 받으려고 계속 전화를 하고 있습니다. 이런 예는 얼마든지 많습니다.

나 　듣기 어려울 정도로 마음이 아픕니다. 저의 친구 대신 제가 사과 하겠습니다.

그 　다른 친구의 말에 따르면 그 선교사는 사람들을 자기 집에 못 오게 한대요. 사역에 대해서 말하거나, 실적을 얻으려고 할 때만 만나는데, 그마저도 자기 집에서 멀리 떨어진 곳에서 만나자고 한대요. 또 다른 내 친구 중 하나는 선교사가 자기를 개인적으로 거의 돌보지 않는다고 말합니다.

나 　그 이야기도 저로서는 아주 유감입니다.

그 　선교사 중에는 우리가 요구와 상관없이 우리가 함께 협력할 수 없는 특수한 일을 하는 분들도 있어요. 그분들의 사역은 현지 상황과 맞지 않을 뿐 아니라 오히려 현지에서 해가 되는 일을 하기 때문에 우리에게 너무 부담이 됩니다. 전혀 선교사 같지 않은 분들도 있어요. 자기의 사역을 파송교회에 그럴 듯 하게 보고하지만, 사실은 사진만 찍고, 남이 한 일들을 마치 자기가 한 것처럼 보고하기도 합니다.

잠시 쉬면서 생각을 정리해 보았다. 밖을 보니 내리는 눈은 수그러들었지만, 내 마음은 여전히 바깥의 회오리 바람에 흩날리는 눈발과 같았다.

그 모든 선교사들이 다 그런 것은 아니지만. 어떤 분들은 하나님을 섬길 때도 조건적입니다. 물론 다른 분들은 아무런 조건 없이 하나님을 섬깁니다. 우리는 그런 분들을 사랑합니다. 그들은 우리에게 자기 집을 오픈해요. 우리와 함께 식사하고, 우리가 입는 옷을 입고, 우리가 말하는 언어를 말해요. 우리와 다르다는 느낌이 들지 않습니다. 우리와 사역의 동역자가 되어서 우리를 위해 정말로 희생합니다. 나는 모든 신자들이 하나님 나라를 위해서 아무 조건 없이, 희생하는 선교사들과 같아지기를 원합니다. 모든 선교사들이 그와 같다면, 우리는 얼마든지 같이 일할 수 있습니다. 하지만, 보다시피 우리와 함께 동역하는 선교사들은 그다지 많지 않습니다.

나	몇몇 좋은 선교사들과 만나고 계시다니 감사합니다. 주님의 일에 친구가 되고 동역자가 된다는 것은 너무 기쁜 일입니다. 당신의 동료들이 선교사들에 대해 갖는 부정적인 생각을 극복하기 위해 우리가 어떻게 해야 할까요?
그	현지인들은 선교사들의 목적을 이루기 위한 수단으로 이용되는 것을 원치 않고, 진정으로 선교사와 함께 동역하기를 원합니다. 때로는 현지 동역자들에게 가정을 열어서 가족들과 함께 소통할 수 있어야 합니다. 쌍방이 서로를 위해 희생하는 동역의 모습을 보여줄 필요가 있습니다. 선교사가 먼저 자신을 내주는 본을 보인다면, 현지인들도 그렇게 따라 할 것입니다. 나중에는 현지 동역자들이 선교사가 보여준 그 사랑을 먼저 시작하려 할 것이고, 선교사와 같이 일하고 싶어할 것이고, 선교사가 하려고 하는 것들을 그들이 더 열심히 할 것입니다. 또 한 가지, 선교사들은 현지인을 이용해서 본국에서 모금활동을 한다는 인상을 보여서는 안됩니다. 마지막으로, 선교사들은 언어 공부를 더 열심히 해야 합니다. 우리의 언어를 잘 하지 못하면, 우리를 도울 수 없습니다. 우리가 다른 나라에 가면, 그들의 언어를 배우고, 말해야 하는 것처럼, 선교사들도 우리의 언어로 대화해야 합니다.
나	네. 이해가 됩니다. 당신이 말한 모든 것들이 좋은 충고가 됩니다. 지금 당신이 말해 준 것처럼, 선교사에 대해 어떻게 생각하는지 다른 분들의 이야기도 듣고 싶어요. 우리 선교사들이 현지인

들에게 어떻게 인식되고 있는지 파악하고, 잘 준비해서 교회 리더들과 더 잘 협력할 수 있도록 노력하겠습니다. 다른 제안 사항이 있습니까?

그   있어요. 우리는 진심으로 다른 선교사들에게 축복이 되기를 바라고, 그분들도 우리의 축복이 되길 바랍니다. 나아가 모든 민족과 열방에게 축복이 되기를 바라고, 미국에 있는 교회들에게도 축복이 되기를 바랍니다.

나   그러면 얼마나 좋겠어요. 서구의 교회가 이곳 아시아의 교회로부터 많이 배워야 합니다.

이 대화를 계기로 우리 집을 현지 동역자들에게 완전히 개방했다. 불과 몇 년 동안, 1,600개의 교회 리더들이 우리 집을 거쳐갔고, 올해만 5백 명 이상이 머물다 갔다. 지난 5년 동안 우리 집에서 수백 번의 훈련과 수천 번의 상담시간을 가졌다. 물론 집에서 이런 모임을 갖는 것이 항상 좋고 쉬운 것은 아니었다. 우리 가정에 많은 지장을 초래하기도 했다. 자녀들 용변 훈련도 시켜야 하고, 빨래도 해야 하고, 자녀들을 위해 홈스쿨링도 해야 하고, 온갖 집안 일들을 다 하면서 손님들을 맞이해야 하기 때문이다. 그러나 우리의 목표는 대위임령대로 사는 것이고, 우리의 가정은 이러한 삶의 연장이라고 생각했다. 현지인들과 함께 삶을 통해 동역하게 되면서 전에 경험하지 못했던 놀라운 축복과 아름다운 동역의 열매를 맛볼 수 있었다. 우리가 했던 이런 사역의 원리가 모든 곳에서 항상 적용되어야 한다고 말하는 것은 아니다. 하지만 이 원리는 적용할만한 가치가 충분히 있었다.

현지 동역자들이 외국 선교사들에 대해 어떻게 생각하느냐에 대해서 광범위하게 조사를 했을 때, 조사결과는 다음과 같았다.

- 이기적이다.
- 모른다. 접근할 수 없다.
- 무엇보다 실적에 관심이 많다.
- 이사할 때 많은 것들을 희생한다.
- 선교사를 파송하여 하나님 나라를 세우는 것을 귀하게 생각한다.
- 문화적 연결점이 좋다.
- 자신의 목적을 이루기 위해 현지인들을 이용한다.
- 현지인들이 따라야 할 좋은 모본이 있다.
- 희생할 것을 권장한다.
- 언어가 약하다(설교도 훈련도 못한다).
- 기독교 가정을 위한 바람직한 성경적 예를 가르쳐 준다.

솔직히 선교사들의 삶이 현지인들의 눈에 선교사로서 올바로 인식되지 못한 부분들이 있었다. 어떤 선교사들은 선교사와 전혀 상관없는 삶을 살았고, 어떤 현지 지도자들은 서구에서 온 사람들은 다 선교사처럼 살아야 한다고 생각하기도 했다. 이런 여전히 존재하는 평판과 오해를 불식시키기 위해서는 우리가 선교사라는 것을 내세우며 현지인들을 지도하려 하기보다는 오히려 더 겸손하게 더 열심히 그들을 섬겨야 할 것이다.

"모든 사람이 전도하게 한다"

그날은 날씨가 몹시 추웠는데, 작은 거실에는 사람들로 꽉 차 있었다. 나는 한 형제와 더불어 현지 동역자들과 함께 임시로 만든 탁자 주변에 앉았다. 사실 나는 긴장하고 있었다. 전기를 절약하려고 전등을 끄자, 숯에 그을려 검정으로 변해 버린, 얼음으로 덮여있는 창문 안으로 햇빛이 들어오고 있는 것을 볼 수 있었다.

현지 동역자들은 우리 팀들과 함께 교회 개척 사역을 잘 해 나갔다. 그런 과정에서 발생하는 장애물들을 어떻게 극복할 것인지 해결 방법들을 찾고 있었다. 그 가운데 어떻게 하면 새신자들이 복음을 왕성하게 전할 수 있을지를 고심하고 있었다. 그 모임을 하기 몇 달 전에 나는 아시아의 다른 지역에서 한 동료를 만난 적이 있었는데, 그가 빌리 그레이엄 전도협회에서 사용하는 '안드레 전도법'에 대해 말해 주었다. 이것이 현지 동역자들의 문제를 해결해 주는 좋은 시도가 될 수 있었다. 우리의 모임은 이 시도가 과연 성공할 수 있을지를 타진해 보는 아주 중요한 시발점이 되었다. 그 당시의 상황은 그다지 좋지 않았지만, 사람들의 영적 열기는 기도와 성경공부를 통해서 뜨겁게 달궈져 있었다.

동료 여기에 있는 내 동료는 모든 사람들이 전도에 적극적으로 참여해야 한다는 생각을 가지고 있어요. 이 사람이 여러분에게 이 문제에 대한 해답을 말해 줄 겁니다. 관심이 있으세요?

그들 좋아요. 들어봅시다.

나 나는 아시아 전역을 돌아다니면서 전도훈련을 시켜왔는데, 전도에 대해서 부정적인 경향이 있다는 것을 알게 되었어요. 제가 훈련하는 교회 리더들 중에서 훈련한 대로 실천하는 사람은 단지 20퍼센트에 불과해요. 그 외 30퍼센트는 절반만 순종하고, 나머지는 가끔 순종하든지 아니면 전혀 하지 않습니다. 교회 리더들만 순종합니다. 순종하지 않는 나머지 교인들에 대해서는 어떻게 해야 하나요?

현지 동역자1 그런 현상은 교회 전체 회중에게도 안 좋은 영향을 미칩니다. 저는 계속해서 전도하라고 말합니다. 그러나 몇몇 신실한 사람들만 전도합니다.

나 내가 비공식적으로 조사를 해 보았어요. 훈련하는 동안, 나는 훈련생들에게 이렇게 말합니다. "저기 있는 저 사람에게 가서 복음을 전해 보십시오." 그들의 얼굴에 나타난 반응을 보면서 그리고 다시 질문합니다. "전도하러 가기 전에 당신의 마음속에 느껴지는 첫 번째 감정은 무엇입니까?" 대부분의 반응은 두려움이었습니다.

현지 동역자2   대부분이 그렇게 말할 것입니다.

나   이 질문에 대한 응답자의 대답을 녹음해서 분류해 봤어요. 사람들이 복음을 정기적으로 전하지 않는지 32가지 이유를 찾았습니다. 대부분이 두려움이었고, 또 하나는 복음을 전하는 자가 신학적인 오류를 가지고 있거나 오해를 하고 있었기 때문이었어요. 또 어떤 사람들은 무엇을 전해야 할지를 몰랐어요. 32가지 문제들을 해결하기 위해서, 32과로 된 훈련과정을 만들었습니다. 그래서 훈련 기간이 32주가 됩니다.

그들   32주라구요? 그렇게 긴가요?

나   맞아요. 이 훈련은 현장 조사에서 나온 문제점들을 직접 다루고 있어요. 이 프로젝트는 단순한 프로젝트가 아닙니다. 모든 참여자들이 성령님께 순종하고자 하는 마음을 갖도록 합니다. 이 프로젝트의 목적은 전도이며, 교회의 모든 구성원들이 열정을 가지고, 정기적으로 복음을 전하게 하는 데 있습니다. 그렇게 하는 데 9개월이 걸립니다. 여러분은 교회 안에 있는 모든 사람들이 정기적으로 복음을 전하기를 원하지 않나요?

그들   물론 원하지요. 그것이 가능한가요?

나   먼저, 모든 사람들이 참여할 수 있어야 합니다. 우리는 이 프로그램을 '안드레 프로젝트'라고 부릅니다. 사도 안드레가 우리의 모델이기 때문입니다. 성경 속에 있는 사람들 중 가장 담대하게 복음을 전한 사람이 누구라고 생각합니까?

그들 베드로와 바울입니다.

나 물론입니다. 대부분의 사람들이 그렇게 말합니다. 놀라운 전도자들입니다. 저도 베드로나 바울을 따라가지 못해요. 그렇다면 전도는 베드로와 바울 같은 사람들만이 할 수 있는 것일까요? 저는 절대로 그렇게 못합니다. 이런 생각이 전도를 못하게 만드는 구실이 될 수도 있어요. 전도는 모든 사람이 하는 것인데도 말입니다.

그들 맞습니다.

나 그 대신에, 우리는 안드레 사도를 전도의 모델로 삼았습니다. 안드레는 성경 말씀을 설교 했다거나, 기적을 행했다거나, 엄청난 어떤 것을 했다고 기록된 것은 없습니다. 그러나 그의 역할은 너무나 중요했습니다. 그는 정말로 놀라운 일을 했는데도, 우리는 그가 한 일들을 잘 모르고 있습니다. 성경이 말하는 것이 무엇인가요? 안드레가 없었다면 베드로가 어떻게 나올 수 있었겠어요? 안드레가 없었더라면 오병이어의 이야기를 어떻게 경험할 수 있었겠어요? 안드레가 없었더라면 헬라파 유대인들이 예수님께 다가갈 수 없었을 것입니다. 안드레는 사람들을 예수님께 인도하는 일을 했습니다. 우리 모두 다 알고 있는 사실입니다.

이 일은 누구나 다 할 수 있습니다.

그들   그렇다면 어떻게 이 일을 할 수 있나요?

나   여기에 다섯 가지 과정이 있는데, 모두 동시에 이루어 지는 것입니다. 먼저, 모든 사람들이 이미 알고 있고, 만나고 있는 사람들 중에서 안 믿는 사람 5-6명을 정합니다. 둘째로, 5-6명을 이름을 부르며, 세 가지 문을 여는 기도를 합니다.

그들   열려야 할 세 가지 문은 무엇입니까?

나   골로새서 4:2-4에서 바울이 교회에 기도 요청을 하고 있는데, 전도의 문이 열려서 마땅히 전할 바를 분명하게 전할 수 있도록 기도해 달라고 했습니다. 이 구절에서, 열려야할 문, 두가지를 볼 수 있습니다. 전도의 문을 여시는 분은 하나님이시고, 입을 열어 복음을 전하는 것은 바울의 역할입니다. 세 번째 열려야 할 것은 요한복음 6:44-45에 나옵니다. 하나님께서 이끌지 아니하시면 아무도 하나님께로 올 수 없습니다. 저들의 마음의 문을 열게 하시는 분이 하나님이십니다. 그러므로 우리는 하나님께서 복음의 문을 열어주시도록 기도해야 하고, 우리의 입을 열어 복음을 전하게 해 달라고 기도해야 하고, 하나님께서 저들의 마음의 문을 열어 우리가 전하는 복음을 받아들이도록 기도해야 합니다.

그들   정말 간단하군요.

나   맞습니다. 아주 간단합니다. 이렇게 하면 됩니다. 제 3과정은 각 사람이 3개월 동안 그들이 정한 5-6명에게 구체적인 사랑을 보여주는 것입니다. 복음을 말로 전하기 전에 삶으로 전하는 것입니다. 소그룹에서는 우리가 이미 발견했던 32가지 문제점에 대한 해결책을 공부합니다. 모든 사람들이 5명을 위해 세 개의 문을 열어달라고 기도하고, 그들에게 사랑을 실천하는 동안, 그들은 소그룹 성경공부에 참석하면서 말씀을 통해 영적인 거울을 보게 되고, 그 거울 통해 자신의 행동이 변화될 필요가 있다는 것을 알게 될 것입니다. 이 성경공부는 모두 성경 말씀에 기초한 것으로, 진리는 평범한 것에 있다는 믿음에 기초하고 있습니다. 이것이 하나님의 말씀이기 때문에, 이 진리가 모든 사람에게 분명하게 전달될 것을 믿습니다. 주일 예배 때에도 여러분들은 설교를 통해서 이 모든 과정을 강조해야 합니다. 제 4 과정에서는 소그룹에서 성경 공부할 때, 하나님의 말씀에 순종하지 못하는 한 가지 행동, 예를 들면 참지 못하는 욱하는 행동, 못된 기질, 교만, 무관심 등이 드러나게 되는데, 하나님께서는 이런 부분들을 다듬어 가십니다. 전도 대상자인 5-6명의 사람들은 전하는 자의 삶이 그리스도를 통해 변화되는 것을 목격합니다. 여기서 중요한 점은 복음이 생활 속에서 구체적으로 드러나야 한다는 것입니다. 마지막 과정은 실제적인 훈련인데요, 9달 안에 이들이 5-6명의 사람들에게 말로 복음을 전할 수 있게 하는 것입니다.

그들 모든 사람들이 5-6명의 사람을 정하고, 세 가지 문을 열어달라고 기도하고, 그들을 향한 구체적인 사람을 보여주고, 자신의 행동 중 비성경적인 것 하나를 찾아, 그것을 바꾸도록 의도적으로 애쓰며, 잃어버린 영혼들 앞에서 복음의 삶을 살고, 마지막으로는 개인적으로 복음의 메시지를 전하는 것입니다. 한편으로 소그룹을 통해서 리더들과 32가지 문제들을 공부하고, 이 주제들을 가지고 예배 때 설교하는 것입니다. 맞습니까?

나 맞습니다. 모든 사람이 다 참여해야 합니다. 리더들이 먼저 모범을 보이는 것이 중요합니다. 리더들도 제대로 안 한다고 느껴지면 따르는 자들은 즉시 중단해 버립니다. 첫 달이 제일 어려워요. 그러나 시간이 갈수록 습관이 됩니다. 시간이 지나면, 복음을 전하는 것을 당연한 것으로 받아들이게 됩니다.

그들 좋습니다.

나의 동료 이제 훈련 시작 예상일을 정해야 합니다. 하루 종일 걸릴 것입니다.

나 그 후에 훈련을 위해서 2주에 한번, 혹은 한 달에 한번 만나야 합니다. 상호 책임을 위해서라도 정기적으로 만나야 합니다. 좋습니까?

그들 좋습니다.

그 후에 우리는 훈련 시작일을 정하고, 훈련을 시작했다. 그 후 몇 년 동안을 다른 지역의 사람들과도 이 과정을 반복하여 훈련했는데, 참으로 놀라운 결과가 나타났다. 어떤 그룹들은 즉각적으로 순종했고, 또 어떤 그룹들은 6개월 후에 효과가 나타나기 시작했다. 훈련한 모든 사람들이 잘 따라주었고, 엄청난 성장을 가져오게 되었다.

교회 안에서 제자들은 전도하는 습관을 키워나간다. 이를 통해 수천 명의 사람들이 주께로 돌아오는 것을 목격했고, 그들 중 어떤 사람들은 이 프로젝트를 하는 동안에 영적으로 4세대 까지 열매를 맺었다. 그들 주변에 있는 잃어버린 영혼들을 위해 의도적으로 기도하는 과정 속에서 하나님께서는 그들의 마음을 움직여 주셨고, 몇 년 동안 계속해서 복음을 전하는 습관을 이어가게 되었다. 나는 상호책임 시간에 기도를 통해 세 개의 문을 열어야 함을 강조했고, 사람들은 내 말을 잘 이해하고 따라와 주었다. '안드레 프로젝트'를 통해 만들어진 모든 네트워크들은 비공식적으로 계속 이어지고 있다.

16 "재생산하는 신학 훈련"

우리 부부가 미주 지역에 살고 있는 가족들을 방문한 적이 있었다. 미국을 떠나기 전에 자주 가던 식당에서 한 친구를 만났다. 이 식당은 18년 전 아내에게 청혼을 했던 바로 그 장소였다. 18년 만에 이 친구를 이 식당에서 다시 만났다는 것은 이곳이 내가 정말 좋아하는 식당이라는 것을 반증해 준 것이었다. 전에는 작게만 여겨졌던 이곳은 훨씬 느낌이 좋은, 우아하고 세련된 장소로 변했다. 전혀 감상적이지 않은 내게도 이곳 분위기가 그런 느낌을 주었다. 예기치 못한 상황 속에 우리의 우정이 시작되었는데, 이 이야기는 우리들의 삶 속에 생소한 의미를 줬다. 하나님께서 우리 삶을 통해 어떤 일을 하실지 호기심을 가지고 그 앞에 나아가는 것과 같이, 그 작고 특이한 식당의 광경과 그곳에서 들려오는 소리가 우리에게는 아주 흥미로운 경험이었다. 그 친구는 World Hope 국제 사역부 회장이었는데, 그와 만나서 많은 이야기를 나누었다. 그 중에 하나는 아시아의 교회 지도자들을 어떻게 신학적으로 훈련할 것인가 하는 문제였다.

나   몇 년 전에 우리는 현지 동역자들을 대상으로 조사를 해 봤습니다. 약 4천 개의 교회들이 있었는데, 그 중 공식적인 신학교에 입학할 수 있는 자격이 되는 사람은 단지 2퍼센트에 불과했어요. 나머지는 학력 미달이었고, 학비를 낼 수도 없었고, 또한 그들의 사역지를 떠날 수도 없는 사람들이었어요. 그러나 그들은 모두 신학훈련을 체계적으로 받아야 할 사람들이었습니다. 필요가 절실합니다. 현지 동역자들을 통해서 우리는 4백 개 이상의 교회를 개척했는데, 전통적인 교회의 리더들로부터 부정적인 반응들이 나타나고 있습니다. 왜냐하면 그들의 교회는 더 이상 빠르게 성장하지 않고 있기 때문입니다. 한 현지 동역자는 리더들이 준비되지 않았기 때문에 교회의 숫자를 줄일 수 밖에 없다고 말합니다. 이런 현상들은 리더들에게 재생산할 수 있는 신학적 훈련 모델이 필요하다는 것을 말해주는 것입니다.

그   그것이 바로 우리가 하는 일입니다. 최근 우리가 하는 훈련 프로그램은 한번에 2-3일 동안 하는 것이고, 훈련생에게 모든 훈련 자료를 무료로 제공해 주고, 훈련 받은 자들이 다른 사람들을 훈련할 수 있게 해 줍니다. 이런 훈련 프로그램을 세계 여러 지역에서 하고 있어요. 이 프로그램이 아프리카에서는 아주 성공적입니다. 언젠가 아시아에서도 이 일이 진행되기를 바랬었는데,

	당신이 이 프로그램을 적용하면 좋겠습니다.
나	나도 그렇게 되기를 바랍니다. 이 코스를 하게 될 때 몇 가지 문제가 있어요. 모든 자료들을 다 번역해야 하고, 많은 사람들을 한꺼번에 훈련할 때 안전문제도 생길 수 있고, 우리 쪽에 있는 사람들 중에서도 문제가 생길 수 있습니다.
그	당신 쪽에 있는 사람들에게요? 어떤 문제지요?
나	우리는 다른 신학 훈련 시스템을 운영해 오고 있었어요. 그런데 우리 동료들에게 그 신학 훈련을 중단하라고 했습니다. 왜냐하면 그것은 너무나 제한적이었기 때문이었어요. 질적인 수준이 너무 낮았기 때문에 차라리 안 하는 것이 더 낫다고 생각했습니다.
내 아내	사람들은 우리에게 현지 동역자들에게 신학 훈련을 시키지 말아 달라고 제안합니다. 왜냐하면 그들이 신학 훈련에 사용하는 자료가 제한적인 신학 시스템이라는 것입니다. 이해가 되십니까?
그	(웃으면서 말한다) 그것이 바로 제가 지금 해결해야 할 문제입니다.
나	사람들은 신학교를 졸업한 후에 학위만 받으면 된다고 생각하는 경향이 있어요. 나 역시 신학교 수준 이상의 과정을 추구하지 않습니다. 그 대신 양과 질의 균형을 최대한 맞추려고 노력합니다.
그	틀림없는 사실입니다. 재생산은 꼭 필요한 요소입니다. 우리는 그들에게 필요한 것을 필요한 때에 주어야 합니다. 그래서 자신의 사역을 무너뜨리거나 다른 것으로 대치하지 않고, 그 일을 힘

쓰도록 해야 합니다.

나　예 알고 있어요. 나는 많은 현지 리더들이 사역을 멈추고, 신학교로 가서 공부하는 것을 보았어요. 순회 교육 프로그램인 경우에도, 거기에서 한 달 동안 공부하고, 몇 달 후에 돌아옵니다. 사역에 많은 지장이 생기고, 그렇게 되면 모임이 와해되고, 신학교에 가서 공부하는 것도 지치게 됩니다. 물론 신학교 학위가 도움이 되고, 유용할 수도 있지만, 그로 인해 파생되는 현지 동역자들의 문제점들에 대해서는 언급하지 않습니다. 우리가 해야 할 일은 2퍼센트 소수에 초점을 맞추는 것이 아니라 98퍼센트 다수에게 그들의 필요를 채워주는 것입니다.

드디어 음식이 도착했고 음식 냄새는 나에게 수많은 추억들을 기억나게 해주었다. 그 순간 만큼은 음식과 추억을 마음껏 음미했다.

나　우리에게 또 다른 문제가 생겼어요. 우리의 타겟 지역에서 교회가 개척되는 비율을 볼 때, 앞으로 2년 내에 적어도 8천 명의 리더들이 필요할 것 같습니다. 이것을 감당할 수 있는 사람들과 시간을 계산해 볼 때, 보다 강력한 재생산 모델만이 유일한 해결책입니다. 우리는 리더들을 훈련하여 그들이 다른 리더들을 훈련하고, 그들이 또 다른 리더들을 훈련하는 모델이 필요해요. 이 모델 이외에 다른 모델이 있다면 그 모델을 따라가겠지만, 지금으로서는 이것이 최선입니다. 이를 위해 우리는 열심히 노력하고 시도할 것입니다. 당신의 자료들을 살펴보았는데 아주 좋았습니다. '진리는 평범한 것'이라는 우리의 정서와 잘 맞습니다. 다른 시스템은 너무나 분석적입니다. 그래서 모든 과정이 너무 세분화되어 있습니다.

그   네, 이제 번역 문제를 해결해야 하겠군요.

나   우리에게는 미국에서 정기적으로 오는 신학 훈련팀이 있어요. 외국인들이 효과적으로 사역할 수 있는 분야입니다. 우리의 훈련팀에 연관된 사람들은 모두 교회의 주요 리더들이기 때문에, 훈련자들도 모두 교회 리더들로 구성했습니다. 이를 통해서 이 프로그램의 질이 높아졌습니다. 임시적이라도 유능한 번역자를 찾아야 하고, 번역의 전 과정을 통괄하고 촉진할 수 있도록 해야 합니다. 이 자료들을 번역하는 데 도움을 주는 번역팀을 구성하면, 이들이 다른 지역의 네트워크와 협력할 필요가 있을 때 현지 번역/통역자가 수월하게 번역할 수 있을 것입니다. 미국에서 온 교사들은 이러한 과정들을 숙지하도록 훈련을 받습니다. 좋은 번역이 나올 수 있도록 최선을 다해 노력해야 합니다. 모든 사람들이 만족할 수 있는 완벽하고, 부드럽고, 역동적인 번역이 필요합니다.

그   선교사를 파송하는 나라에서 오는 사람들은 서로 아주 다르기 때문에 번역하는 일이 잘 준비되어져야 합니다.

나   동의해요. 이 일이 절대 쉬운 일이 아니지만, 꼭 완성해야 하는 일입니다. 우리에게 많은 교사들이 있다는 것은 큰 장점입니다. 그들 스스로는 나름대로 다양한 교육 방식을 가지고 있습니다. 배우는 학생이 교사의 가르치는 방식을 따라가지 못할 수도 있지만, 다른 교사의 방식을 배워서 가르칠 수 있습니다. 모든 학생들은 훈련자중에서 적어도 자기에 맞는 한 사람을 찾아, 그로부터 가르치는 것에 대한 자신감을 배우고 다른 사람을 훈련할 수 있도록 합니다. 우리는 3개월 동안 약 450명의 교회 지도자들을 훈련합니다. 이 훈련 과정에는 다양한 교사들과 교수방법들이 있습니다. 교회 지도자들이 서로 다르고 다양한 배경을 가졌다는 것이 오히려 유익이 됩니다.

그   이 일을 하는 데 협력이 잘 될 것 같습니다. 앞으로 어떻게 될지 기대됩니다.

나   저도 기대됩니다. 자 이제 라자니아를 같이 먹을까요? 제가 살던 곳에는 이런 음식은 없었어요.

우리는 12개의 풀타임 훈련센터와 6개의 파트타임 훈련센터를 운영하여 100여 명의 목회자들과 교회 지도자들이 체계적인 신학훈련을 받도록 했다. 3개월마다 450 명의 교회 지도자들이 참가했다. 이 외에도 차세대를 위한 7개의 신학 훈련센터가 있는데, 앞으로 더 늘어날 전망이다.

우리의 목표는 각각의 네트워크에서 모든 사람들이 자신이 훈련 받은 것을 가지고 다른 사람들을 훈련하게 하는 것이다. 풀타임 센터는 격월로 모인다. 한번 훈련이 시작되면 4일 동안 지속되는데, 매 훈련마다 실습시간을 갖는다. 일방적으로 가르치는 것을 지양하고, 가르침과 훈련의 균형이 이루어지도록 한다. 또한 우리는 좋은 관계를 유지하는 것과 비전 제시를 중요시한다. 왜냐하면 하나님의 궁극적인 비전은 쉽게 새어 나가기 때문이다.

신학 훈련의 목적은 신학적인 통찰력을 얻기 위함만이 아니다. 신학 훈련은 전략과 필요에 따라 이루어진다. 건전한 신학도 필요하지만, 우리가 추구하는 모델은 더 나은 방향으로의 전진이며, 질과 양의 균형을 유지하는 것이다. 그리하여 지속적으로 모든 민족을 제자 삼는 것이다.

17
"리더를 훈련하는 리더"

친구와 나는 완행 열차를 타고 아시아의 시골 지역을 여행하고 있었다. 몇몇 현지 동역자들과 모임을 가진 후에 돌아오면서 많은 시간을 그와 같이 보냈다. 밭은 희어져 추수를 기다리고 있었다. 여러 지역에 대한 많은 이야기들을 계속해서 나누었다. 그 중 하나의 주제는 많은 수의 교회에서 지도자가 부족하다는 것과 교회 개척의 증가를 둔화시킬 가능성에 대한 이야기였다.

그 지금 우리는 교회를 인도하고 섬길 수 있는 리더들을 배출하는 데 어려움을 겪고 있습니다. 이런 문제를 갖고 있는 동료들이 많습니다. 우리와 연결되어 있는 네트워크들은 리더 부족의 문제들에 직면하고 있습니다.

나 알고 있습니다. 그래서 지금 우리는 지도력 훈련과정을 개설하고 있습니다.

그   공식적 훈련과정보다 훈련기간이 더 깁니다.

나   그렇습니다. 제자훈련과 같은 공식훈련은 평생 훈련과정입니다. 당신이 훈련을 위해서 다른 지역의 교회를 방문할 때, 주로 누구와 동행합니까?

그   대부분 혼자 갑니다.

나   예수님의 제자훈련의 현장은 교실이었나요, 아니면 사역현장이었나요?

그   대부분 사역 현장에서의 훈련이었습니다. 예수님은 제자들을 사역현장으로 보내기 전에 훈련도 시켰습니다.

나   사실입니다. 예수님은 대부분 사역하면서 훈련하셨습니다. 예수님은 이 제자들에게 대위임령을 주셨을 때는 사역을 시작하셨을 때였습니까, 사역을 마치셨을 때였습니까?

그   사역을 마치셨을 때 대위임령을 주셨습니다. 사역을 시작하셨을 때 대위임령을 주셨다면, 아마도 제자들이 감당할 수 없었을 것입니다.

나   맞습니다. 예수님은 제자들을 훈련하실 때, 성장의 과정을 거치게 하셨습니다. 그 성장 과정을 MAWL 이라고 부릅니다. 본을 보여주고(Model), 도와 주고(Assist), 지켜봐 주고(Watch), 마지막에는 떠나는 것입니다(Leave). 예수님께서 제자들을 처음 만났을 때, 제자들과 저녁 식사를 같이 했습니다. 그리고 나서 그들은 예수님의 사역을 돕기 시작했습니다. 예를 들면 물을 포도주로 만드셨을 때 혹은 오천 명을 먹이셨을 때도 마찬가지였습니다. 그 다음에 예수님은 제자들에게 일을 맡기시고, 제자들이 일하시는 것을 지켜봐 주셨습니다. 제자들이 침(세)례를 주도록 하셨고, 전도를 위해 제자들을 둘씩 파송하셨습니다. 마침내 예수님은 제자들을 떠나 하늘로 오르셨습니다. 제자들을 버려두고 떠나신 것 같았습니다. 예수님은 우리의 구주와 주님일 뿐 아니라 우리에게 좋은 모본을 보여 주신 분입니다.

그 전에는 이렇게 생각해 본 적이 없었습니다. 제자들이 3년 동안 예수님과 함께 일했던 것을 알고 있었지만 그 과정에 대해서는 생각해 보지 않았어요.

나 당신 사역할 때에 무슨 일을 할 때마다 누군가와 함께 일하면서 MAWL 과정을 따를 수 있게 해 주어야 합니다. 당신이 리더를 많이 가지면 가질수록, 당신의 교회는 더욱 튼튼해집니다.

그 맞습니다. 좋은 동역자를 갖는 것이 얼마나 중요한 일인지 모릅니다. 저는 많은 목회자들이 그 중요한 사역을 혼자 하면서 나중에 지쳐 쓰러지는 것을 많이 봤습니다.

나 사실입니다. 교회 풀타임 사역자들의 평균 사역 기간이 7년입니다. 저도 많은 사람들이 번아웃되는 모습을 보았습니다. 정말 안타까운 일입니다. 하나님께서는 목회자들이 혼자 일하는 것을 절대로 원치 않으십니다. 한 연구에 따르면 목회자 한 사람이 재생산하지 않으면 그 교회는 2백 명 교인을 넘지 못한다고 합

그 니다.

그 2백 명이라요? 교회가 어떻게 그렇게 크게 될 수 있습니까? 우리 교회는 훨씬 작고, 우리는 지쳐 있어요. 사람들을 훈련할 시간도 없고, 훈련할 사람도 없어요.

나 당신이 성장하지 않으면, 당신은 분명히 번아웃 될 것입니다.

그 맞습니다.

나 지도자를 키우기 위해 따로 사역을 만들 필요는 없습니다. 당신이 무엇인가를 할 때 그를 데리고, 같이 해 보세요. 사람들이 자기가 원하는 것을 스스로 할 수 있을 때까지 잘 코치해 줘야 합니다. 가능한 한 재생산하는 모델을 보여줘야 합니다. 더 건강하고 더 능력 있는 지도자가 많아지면, 교회도 더 많아질 것입니다.

바로 그때, 맞은 편 벙커 위에 있던 한 부부가 우리를 보고 예수님에 대한 이야기를 하고 있느냐고 물었다. 그들은 우리의 대화를 듣고 있었다. "예수님에 대해 말해 주지 않겠어요?" 예수님을 알기 원하는 사람들은 어느 곳에나 있었다. 아시아에서는 그런 말을 들어 본 적이 없었는데, 놀라운 일이 아닐 수 없었다. 내 친구는 그들에게 복음을 전했고, 나는 그를 위해 기도해 주었다. 그는 재생산하는 사역을 강력하게 지지하는 사람 중 하나가 되었는데, 특히 새로운 교회 지도자들을 재생산하는 일에 힘을 쏟았다.

18 " 왜 재생산인가? "

나의 새로운 친구들은 우리의 아시아 파트 안에서 특이한 일을 진행했다. 그들 모두는 바람이 불고 있는 에어컨 앞에 서 있었다. 대부분 내 친구들은 에어컨 바람을 직접 쐬는 것을 꺼려했다. 그러나 아시아의 여러 지역에서 온 이 친구들은 달랐다.

우리들은 훈련 3일차를 마쳤다. 그러나 아직 해가 지지 않았기 때문에 나는 바깥으로 나갈 수 없었다. 서양인 얼굴은 사람들에게 금방 노출되었기 때문에 어둠이 내 얼굴을 가려 주기를 기다리고 있었다. 태양광선을 내 맘대로 다룰 수 없는 만화책 주인공처럼 느껴졌다. 기다리는 동안 이야기도 하고 게임도 했다.

새 친구1 재생산하는 일은 사역의 질을 떨어뜨리는 것이 아닌가요? 당신이 가르치는 것이 한 세대에서 다른 세대로 이어지리라고 어떻게 확신하십니까?

나	재생산하는 일이 사역의 질을 떨어뜨릴 것이라고 기대할 수 없고, 그럴 것이라고 기대해서도 안됩니다. 사람마다 다릅니다. 그들이 훈련하는 사람들도 다르고, 필요도 다릅니다. 가르치는 방식도 훈련하는 방식도 다릅니다. 그러나 중요한 개념과 전략을 조절하는 것은 얼마든지 가능합니다. 질을 지나치게 중시하는 바람에 양이 줄어든다면 그것은 바람직하지 않습니다. 저는 그런 현상을 너무 많이 봐왔습니다.
새 친구2	질을 어떻게 조절해야 하나요? 사전학습을 통해서 하나요?[13]
나	사전학습은 가르치는 내용을 질적으로 조절하는 데 도움이 됩니다. 그러나 또 다른 방식은 다른 사람들을 훈련할 때 2세대, 3세대, 4세대 훈련자들을 같이 훈련하는 것입니다. 나는 이런 식의 훈련을 여러 차례 해 보았고, 그를 통해 배운 것도 많습니다. 한 세대에서 다른 세대로 전딜이 이루어지는 것을 보았어요. 2세대, 3세대 훈련자들과의 훈련을 통해서, 훈련과정들을 어떻게 조절하고 재편성했는지 그들의 이야기들을 들으면서 여러 가지 측면에서 개선할 수 있었습니다. 그 과정에서 몇 가지 단점들을 발견했고, 그런 문제들을 언급하면서 단점들을 보완하여 훈련 프로그램을 개선하려고 노력했습니다. 우리는 앞으로도 계속해서 우리의 훈련 모듈을 개선하고 보완해 나갈 것입니다.

---

13) 대화 13에 자세히 기록되어 있다.

새 친구1 당신이 하는 이 훈련 프로그램들을 아직도 고쳐나가고 있다는 말입니까?

나 예. 현지 동역자들과 함께 계속해서 고쳐가고 있고, 도움이 된다고 판단되는 것들을 첨가시키고 있습니다. 이 전략과 훈련 모듈을 만들기까지 현지 동역자들의 공로가 지대했으며, 더 나은 훈련모듈을 만들기 위해 이들과 계속 협력할 것입니다.

새 친구1 훈련생이 양질의 훈련을 받을 수 있도록 하기 위해서 훈련과정의 속도를 천천히 하는 것에 대해서는 어떻게 생각하십니까?

나 성경에서 제시하는 패턴에 따라 실행할 것입니다. 즉 모든 민족을 제자 삼는 궁극적인 목적을 이루기 위한 훈련입니다. 그러므로 속도 문제는 옳고 그름의 문제가 아닙니다. 그러나 이 순간에도 1초가 지나는 동안 복음의 소식을 듣지 못하고 죽어가는 사람들을 생각한다면 영혼 구원 사역을 빨리 서둘러야 하지 않을까요?

새 친구2 매 초마다 복음을 듣지 못하고 죽어가는 사람들이 있다고요? 정말 안타까운 일입니다.

나 때로는 선한 것이 위대한 것의 적이 될 수도 있습니다. 우리가 지금 하는 일이 지금 우선은 성장하고 있기 때문에 잘하고 있다고 스스로 좋게 평가하는 경향이 있습니다. 그러나 사역의 성장 속도가 인구 증가율을 따라가지 못한다면, 그것은 성장이라고 볼 수 없습니다. 게다가 영적인 사역은 충성된 자에게 맡겨져야 한다고 성경은 말합니다. 디모데후서 2:2에서 말하는 3-2원리(The Triple-Two principle)도 이것을 증거하고 있는데, 이는 복을 받고, 복이 되라는 복의 원리입니다.

새 친구1 복을 받고, 복이 되는 것이라구요? 그것이 무슨 뜻입니까?

나 복음의 핵심은 우리가 복을 받고, 복이 되는 것입니다.

새 친구1 알 것 같습니다. 그런데 복을 받고 복이 되고자 하는 목적이 무엇입니까?

나 갈라디아서 3:8에서 보면, 복음이 최초로 아브라함에게 전해집니다(창 12:1-3). 하나님께서는 아브라함에게 복을 주시고, 아브라함은 모든 민족에게 복이 되리라는 약속을 받습니다. 당시 아브라함은 몰랐지만, 이 축복의 약속은 그리스도 안에서 성취되었습니다. 아브라함은 예수님이 그의 죄를 위해 죽으시고, 죽음에서 부활할 것을 몰랐을 것입니다. 그러나 그에게 전파된 메시지는 복음이었습니다. 여기서 언급된 복이 바로 예수님이라는 것을 압니다. 아브라함의 관점에서 본다면, 하나님께서는 아브라함에게 복을 주셨고, 아브라함을 통해 다른 사람에게 복이 되는 것이었습니다. 이것이 복음입니다. 오늘 이 복이 예수 그리스도 안에서 성취되었습니다. 여기서 우리가 알아야 할 복음의 핵심은 바로 우리가 복을 받았고, 다른 사람들에게 복이 되어야 한다는 것입니다.

새 친구2: 복음의 핵심이라구요. 정말 그럴 듯합니다.

| 나 | 이는 우리의 세계관에 속하는 개념이며, 우리 삶의 양식에 깊은 영향력을 끼치는 말씀의 원리입니다. 내가 가진 나의 나 된 모든 것들이 다른 사람에게 복을 주기 위함임을 안다면 자기가 가진 것이 자기 것이라고 생각하는 사람과는 다르게 행동할 것입니다. 세계관이 이렇게 바뀌면 우리의 일상도 반드시 변화될 것입니다.

새 친구1 이것이 재생산 원리와 어떻게 연관이 됩니까?

나 내가 가진 모든 것과 나의 나 된 모든 것들이 다른 사람들에게 복이 되기 위함이라고 할 때, 내가 가진 이 복을 어느 누구에게도, 그 어떤 것도 숨겨 둘 수 없습니다. 나를 통해 다른 사람들이 나의 수준을 넘어 더 잘되길 바랍니다. 이것이 바로 재생산이 일어나는 방식입니다. 이런 식으로 다른 사람들도 똑같이 할 수 있으며, 나보다 더 잘 할 수 있습니다.

새 친구2 재생산을 뭐라고 정의할 수 있습니까? 그리고 재생산할 수 있을 때를 어떻게 알 수 있습니까?

나 당신이 하고 있는 어떤 것이 다음 세대로 전수되지 않는다면 그것은 재생산이 아닙니다. 예를 들어 훈련과목을 가르칠 때 그리스어로 가르쳐야 한다면, 내가 가르치는 것은 내용이 아무리 좋아도 재생산 될 수 없습니다. 훈련 모듈을 배우는데 수강료를 내고, 등록을 해야 한다면, 그 훈련 역시 재생산과는 거리가 멀 수 있습니다. 사역을 하는데 복잡한 기술을 사용해야 한다면,

그것 역시 재생산이라 볼 수 없습니다. 만일 교회가 외국의 자금으로 운영되고 있다면, 그 교회 역시 재생산이 아닙니다. 우리가 지금 하는 일을 다음 세대가 하지 못한다면 그것 역시 재생산이라 할 수 없습니다. 우리가 가르치는 방식을 다 버릴 필요는 없습니다. 그러나 우리가 하고 있는 것들을 다음 세대들이 할 수 있도록 보다 단순하게 만들어야 할 필요는 있습니다. 전통을 깨기가 쉽지는 않지만, 전통은 이미 깨지고 있다고 생각합니다.

새 친구1 당신이 말하는 바를 알 수 있을 것 같습니다. 훈련 첫째 날에 나는 『T4T』학습이 너무 단순하다고 생각했어요. 하지만 제가 오해한 것 같습니다. 『T4T』가 왜 재생산하기 효과적인지, 왜 여전히 잘 활용되고 있는지를 알게 되었어요. 내용이 단순하지 않다면 재생산할 수 없으며, 훈련 효과도 떨어질 것입니다.

나 맞습니다. 제자훈련 내용은 단순하고 간결합니다. 갓 믿게 된 사람들도 이해할 수 있고 그 개념들을 적용할 수 있습니다. 새로운 리더들도 다른 사람들을 훈련시킬 수 있을 거라고 확신합니다.

마침내 해가 떨어졌고, 우리 모두는 샤워하러 욕실로 들어갔다. 재생산에 관한 우리의 대화는 샤워실 안에서도 계속 이어졌다. 주말이 되어서야 비로소 훈련 센터 안에 있던 모든 사람들이 재생산의 개념을 이해하게 되었다. 많은 동역자들이 4세대로 이루어진 교회를 세웠고 재생산을 지지하게 되었다.

19
" 계획 수립 "

　미국에서 온 목회자 그룹들이 우리 집 거실에 앉아 있었다. 4개의 훈련센터에서 16일 간의 신학 훈련과정을 이제 막 끝마쳤다. 총 250개 교회의 리더들이 참석했다. 그들은 현장에서 몸소 체험하면서 사역하는 것들을 아주 좋아했으며, 그들을 섬겨준 아시아 형제, 자매들에게도 감사했다.

　그들이 떠나기 전날, 마지막으로 평가하는 시간을 가졌다. 그들이 어떻게 이 전략에 참여하게 되었는지를 파워포인트를 사용하여 발표했다. 지난 6개월 동안 몇 개의 도시와 그룹들이 어떻게 연관되었는지, 몇 명의 사람들이 구원을 받게 되었는지, 몇 명의 리더들이 세워졌는지 나누었다. 그들에게 우리의 훈련 웹사이트를 보여주었고, 신학 교육이 전체 훈련 구조와 단계와 어떻게 연관되는지도 보여주었다. 한 목회자가 질문을 했는데, 놀랍게도 이 질문이 우리의 사역의 새로운 차원으로 이끌어 주는 계기가 되었다.

| 목사 | 당신은 건강하고, 지속적이고, 재생산하는 교회에 대해서 계속 강조하고 있는데, 이 계획은 제자들을 자라게 하고, 리더들을 자라게 하는데 좋은 프로그램일 뿐 아니라, 많은 교회를 개척하는 데 효과적인 계획이라고 봅니다. 분명히 많은 열매를 맺을 것입니다. 그런데 당신이 여기서 배운 학습과 훈련들을 우리 나라에서는 언제, 그리고 어떻게 적용할 수 있겠습니까? 당신은 이 훈련을 미국의 신학교에서도 가르칠 수 있다고 생각합니까? |

| 나 | 지금 갑자기 든 생각인데요, 나는 지금까지 미국의 교회들은 우리의 자료와 전략을 좋아하지 않을 거라고 생각했습니다. 지난번 미국에 갔을 때, 아내와 나는 15개의 교회를 방문해서 설교했습니다. 아시아에서 일어나고 있는 일들이 복음에 싸여있는 미국 교회에서도 일어날 수 있을 거라는 생각을 해 보았지만, 많은 교회들은 이 일에 무관심해 보였습니다. 사람들은 이렇게 말하곤 합니다.

"아시아에서 하나님께서 하신 일들은 정말 놀랍습니다. 그러나 여기는 미국입니다." 지리적으로 상황적으로 다르다는 것입니다. 많은 사람들이 현실에 안주하며, 아무 일도 하지 않으려는 것을 보고 무척 충격을 받았습니다. |

| 목사 | 미국에 있는 많은 교회들이 새로운 어떤 것을 시도하려고 얼마나 목말라 하고 있는지 당신이 알면 깜짝 놀랄 것입니다. 과거의 전통적인 것으로는 더 이상 변화를 가져오지 못하리라는 것 |

을 대부분 인정합니다. 당신이 여기서 발견하고 배운 자료와 전략을 가지고, 선교 파송국가에서, 교회를 훈련하는 일에 어떤 도움을 줄 수 있을지를 연구해 보기를 바랍니다. 나도 여기에 좀 더 오래 머물면서, 이 사역이 어떻게 이루어 지는지 배우고 싶어요. 하나님께서 놀라운 방법으로 역사하고 계시다는 사실을 알게 되었습니다. 당신과 당신 팀과 현지 동역자들이 뭔가에 사로잡혀 있다는 것을 느낄 수 있었습니다.

나 나 역시 선교 파송국가에 있는 교회들을 이런 방식으로 축복하고 싶습니다. 우리의 목표는 지역 교회를 축복하고, 사랑하고, 섬기고, 권면해서 하나님께서 부르신 자가 되고, 하나님께서 하라 하신 것들을 할 수 있게 하는 것입니다. 이것이 동아시아이든, 그 밖의 다른 지역이든 상관하지 않습니다. 우리 웹사이트를 영어로 번역하고, 우리의 주요 전략 훈련 모듈을 미국의 세계관에 맞게 번역하고 상황화시키려고 합니다. 이를 통해 교회들의 필요를 채울 수 있다고 보십니까?

그들 물론이지요.

목사2: 당신이 가지고 있는 영어 자료를 사용한다면, 어디서, 어떻게 시작할 수 있을까요?

나 『비전 제시』는 영어로 되어 있습니다. 바로 다음에 소그룹 학습 시리즈를 개발하고 싶습니다. 다시 강조하지만, 하나님의 비전 제시가 무엇보다 중요하며, 훈련 과정에서의 자료들은 하나의 도구에 불과합니다. 하나님 나라의 성장은 성령의 역사로 이루어지는 것이지 이 자료들을 잘 사용했기 때문에 이루어진 것이 아닙니다. 그럼에도 불구하고 훈련 도구들을 효과적으로 사용해야 합니다.『T4T』,『건강한 제자』등의 자료들이 훈련용 도구로 잘 활용될 수 있으리라 봅니다. 훈련 과정도 내용만큼이나 중요합니다.

목사3: 그 과정이 무엇인가요?

나 훈련 과정은 말로 설명하는 것 보다는 본을 보여주는 것이 강조됩니다. 마치 조개껍질처럼 3/3 과정으로 구성되어 있는데, 전 과정은 각각 1/3, 1/3, 1/3 과정으로 나뉘어 있고, 이를 통해 리더들을 배출하는 목적을 가지고 규칙적으로 계속해서 훈련합니다. 훈련할 때는 늘 하는 것처럼, 하나님의 비전을 제시하고, 영적으로 돌봐주면서 멘토링하는데, 특별히 상호책임을 강조합니다. 그 후에는 새로운 내용을 가르치고, 배운 내용을 실습하게 합니다. 이 모든 것이 3/3과정에 포함됩니다. 이를 정리하면, 하나님의 비전 제시부터 시작하여 첫 1/3은 멘토링과 돌봄, 두 번째 1/3은 새로운 내용을 가르치는 것이고, 마지막 1/3은 바퀴가 땅에 닿는 부분인데, 가장 어려우면서도 가장 보람을 느낄 수 있는 부분입니다. 배운 바를 실습하고, 앞으로의 사역을 위해 목표를 수립하고 기도하고 파송하는 부분입니다.

나는 훈련모듈 전 과정을 제시해 주는 5단계 도표와 더불어[14] 각 훈련 단계마다 다루어야 할 6가지 중요한 경로들을 설명해 주었다.

나 여러 가지 측면에서 볼 때, 비전 제시는 사람들에게 큰 기대감을 갖게 해 줍니다. 모든 사람들은 자신들이 왜 살아야 하며, 무엇을 추구하고 살아야 하는지 알고 싶어합니다. 우리가 하는 사역은 아주 흥미 있는 일이지만, 어려운 일이기도 합니다. 전통적인 교회 모델 안에 안주하는 것이 쉽습니다. 그러나 영적인 나태함을 일깨우고, 이들을 훈련시켜 성도들로 하여금 사역에 동참하게 하는 것은 쉽지 않습니다. 모든 믿는 자들에게 하나님의 궁극적인 비전이 자신들의 비전이 될 때까지 그 비전을 반복해서 제시하면 결국 하나님의 일에 동참하게 될 것이고, 그로 인해 엄청난 영적 유익을 경험하게 될 것입니다. 그때 우리는 영적인 나태함에서 벗어나 하나님의 일에 동참하며 영적 생활의 진정한 기쁨을 맛볼 것입니다. 또한 목표를 가진 인생을 살게 될 것입니다. 하나님 나라를 세워가는 일을 통하여 하나님을 새롭게 경험합니다. 그런 삶을 살고 싶지 않으십니까?

그들: 당연하지요. 비전 제시 다음에 무엇을 해야 합니까?

나 우리는 진단 시리즈의 그림을 통해서 사람들이 실제로 무엇을

---

14) 자세한 정보를 위해서 대화 6을 참조하면 된다.

필요로 하는지 파악합니다. 진단 시리즈는 대부분은 중국어로 되어 있습니다. 여러분들을 위해 영어로 번역하겠습니다. 비디오 시리즈도 만들어서 이해하기 쉽게 설명할 예정입니다.

그 외에도 『건강한 제자』 훈련 진단 도표와 다섯 단계 그림, 관계적 그림, 인-앤드-아웃(in-and-out) 그림, 네 가지 밭의 그림 등을 그려 가면서 그분들에게 설명했다.[15]

나   출발점은 여러분 각자의 상태에 따라 다를 수 있습니다. 제일 먼저 교회 안에서 누구와 같이 일할 것인지를 결정해야 합니다. 그리고 그들과 함께 비전 제시를 시작합니다. 현재 영어로 된 모든 자료들과 연결할 수 있는 링크를 여러분에게 보내드리겠습니다. 훈련에 관해서는 『T4T』, 『건강한 제자』, 『안드레 프로젝트』 등을 사용할 수 있습니다. 모두 영어로 번역되어 있습니다. 소그룹이나 1:1 제자훈련 등을 시작한다면, 그에 관한 전 과정을 설명해 드릴 수 있습니다. 여러분이 원하신다면 이메일 리스트를 만들어서, 자료들을 서로 공유하면 좋습니다. 이곳 아시아에 있는 우리 동료들과 일할 때도 이 같은 방식으로 합니다. 이메일 리스트를 만드시겠습니까?

---

15) 네 가지 그림에 관한 자료는 대화 20에 소개되어 있다.

그들 물론입니다. 어디에 제 이메일 주소를 적어야 하나요?

그들과 점심 식사를 같이 하면서 아시아 사역에 관한 다른 주제들도 구체적으로 나눴다. 하나님께서 아시아에서 하시는 일에 대해 그들이 보여준 열정은 현지의 형제, 자매들이 가졌던 열정만큼 뜨거웠다. 그때 나누었던 대화를 계기로 우리는 모든 자료들을 영어로 번역하기 시작했다. 또한 우리 훈련 웹사이트를 영어 버전 (www.thehealthydisciple.com)으로 만들었다. 서부 지역에 있는 동역자들에게도 자료를 공유할 수 있도록 이메일 리스트를 만들었다. 중요한 훈련 자료들을 이용할 수 있게 했다. 목적은 아시아에서 우리가 가졌던 것과 같다. 그것은 축복하고, 사랑하고, 섬기고, 권면하여, 하나님께서 하라 하신 것을 하고, 되라 하신 것이 되는 것이다. 온 세상 속에서 하나님 나라를 세우시는 주님의 역사에 동참할 때, 우리의 타겟 지역, 우리의 민족 그룹만을 고집할 수 없다. 우리가 여기에 있는 이유는 복을 받고, 복이 되기 위함이다.

20 "진단 도구"

　시골의 저녁은 쌀쌀했다. 교회를 개척하고 있는 귀한 부부와 텅 빈 식당 안에 함께 앉아 있었다. 감사하게도 그들은 내게 마음을 열고 교회를 개척하는 과정에서 겪는 어려움들을 말했다. 밖은 아직 어두웠다. 세찬 바람 소리가 들렸다. 비닐로 싼 창문은 바람으로 인해 덜컹거리고 있었다. 하지만 그것이 우리의 대화를 방해하지 못했다. 내 동료 중 한 명이 그 부부를 내게 소개시켜 주었는데, 사실 그 부부를 만나게 된 것은 그 전날이었다. 저녁을 먹으면서 그들은 그들이 겪는 어려움을 내게 털어놓았다. 자초지종을 들은 후에, 우리는 하나님의 비전을 나누었고, 네 개의 질문들(what, why, who, how) 에 대해서 이야기를 나누었다.[16]

---

16)　대화 10을 보면 더 많고 자세한 정보를 알 수 있다.

나   먼저 여러분의 필요를 알고 싶은데요, 이 진단 그림을 봐 주세요.

그들   네 알겠습니다.

나   여러분에게 '건강한 제자'라는 그림을 보여드리겠습니다. 우리 사역의 목표는 그리스도인들이 건강한 제자로 자라가는 것입니다. 건강해야 성장할 수 있습니다.

이 부부는 장애인이었는데, 그들이 섬겼던 많은 사람들은 정상적인 사람들과는 달리 특별한 관심과 배려를 필요로 하는 사람들이었다. 그들은 다른 사람들보다 이 그림의 개념을 빨리 이해했다. 그 부부에게 성장에 필요한 5가지 주요 영역의 그림을 그리면서 설명해 주었다.[17]

그들   그림을 보면 이해하기 더 좋고 쉬워요. 하나님의 은혜로 우리의 부족한 것들이 채워집니다. 그래서 우리는 하나님이 부르신 대로 하나님이 원하시는 자가 될 수 있어요.

나   참 좋은 말이군요. 그 말을 제가 다른 사람에게 사용해도 되겠습니까?

그들   그럼요(우리 모두는 크게 웃었다).

나   우리가 하는 모든 일은 열방을 제자 삼으라는 하나님의 궁극적

---

17) 대화 3, 4를 보면 더 많고 자세한 정보를 알 수 있다.

목적과 맞아야 합니다. 대위임령은 두 가지 중요한 요소로 나뉘어 집니다. 제자를 삼는다는 것은 질을 의미하고, 모든 민족을 제자 삼는 것은 양을 나타냅니다. 이 두 가지는 '안'(in) 과 '밖'(out) 으로 설명할 수 있습니다.

나는 먼저 'in-and-out 그림'을 그린 후에, 그들 자신을 반영하는 '건강한 제자 그림'과 'in-and-out 그림'을 그려 보라고 했다.[18] 그들에게 이 그림을 사용해서 그들 교회 안의 형제 자매들의 전형적인 모습이 어떤지 그려보라고 했다. 그들의 그림은 '안'쪽으로 치우친 그림이었고, 제자 삼는 부분인 '밖'의 모습은 나타나지 않았다.

나   좋아요. 도움이 됩니다. 5단계 도표를 가지고 'in-and-out 그림'을 좀 더 자세히 설명해 드리겠습니다.[19]

5단계 도표를 그린 후에 그들이 가장 필요로 하는 분야가 어디에 있는지를 물었다. 그들은 새로운 리더를 많이 만들어 내는 것에만 관심이 있었지, 성숙한 제자를 만들어 가는 과정에는 관심이 없었다. 다음 도표는 5단계 도표의 일부분이다.

---

18) 대화 8을 보면 더 많고 자세한 정보를 알 수 있다.
19) 대화 6, 7을 보면 더 많고 자세한 정보를 알 수 있다.

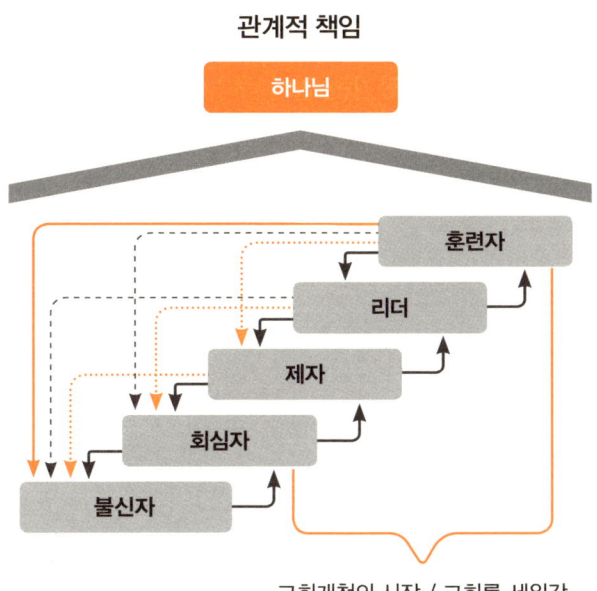

이 도표는 에베소서 4:11-16을 잘 설명해 주고 있다.

나 11절을 보시면, 하나님께서 교회 안의 다양한 동역자들과 리더들을 세우신 목적이 무엇입니까?

그들 성도를 온전케 하고 세우기 위해서입니다.

나 무엇을 하기 위해서요?

그들 봉사의 일을 하기 위해서입니다

나 누가 그 일을 하나요?

그들 리더들입니다.

나 12절을 자세히 보세요. 봉사의 일을 누가 하나요?

그들	성도들입니다.
나	맞습니다. 문제가 없지는 않습니다. 제 생각에 이것은 오늘날의 교회가 갖고 있는 가장 큰 문제 중 하나라고 봅니다. 오늘날의 교회는 성직자를 고용해서, 교인들이 해야 할 일들을 성직자에게 맡깁니다. 성경 본문이 말하는 바는 이것입니다. 교회 리더에게 주신 역할은 성도들을 구비시켜 봉사의 일을 하게 하는 것이고, 그렇게 하여 그리스도의 몸이 자라게 되는 것입니다. 그래서 도표를 이렇게 그렸습니다. 리더들은 제자들에게 투자하여 성숙한 자로 자랄 수 있도록 해야 하고, 제자들은 새신자들에게 자신의 시간과 에너지를 투자하여 잃어버린 영혼들을 인도할 수 있도록 해야 합니다. 각각의 화살은 시간과 에너지를 의미합니다. 리더들은 자신의 시간과 에너지를 성숙한 제자 만드는 것에 사용해야 합니다. 물론 어느 정도는 새신자와 복음을 전하는 일을 해야겠지요. 지도자들 대부분은 그들의 시간과 에너지를 어디에 사용하고 있다고 생각합니까?
그들	새로운 신자 혹은 안 믿는 사람입니다.
나	왜 그렇게 할까요?
그들	도움이 제일 많이 필요한 사람들이 그 사람들이니까요.
나	제일 도움이 필요한 사람이 그들인 것은 사실입니다. 그 사역이 새로운 리더들을 배출할 수 있는 좋은 길입니다. 그러나 교회 리더들의 사역은 새신자 보다도 멤버들을 통해서, 혹은 멤버 주위

에 있는 사람들을 통해서 이루어져야 합니다. 이것은 새로운 리더들에게도 좋은 사역 훈련의 현장이 됩니다. 왜냐하면 새로운 리더들은 교실에서 배우는 것이 아니고 사역 현장에서 배우고 자라기 때문입니다. 당신이 사역을 할 때마다 성실한 제자들을 데리고 가서 어떻게 새신자들을 양육하는지 보여줘야 합니다. 멤버들이 사역에서 제외되면, 제자로서 성장하지 못하게 되고, 지도력 개발과 제자훈련 과정에서도 문제가 발생합니다. 교회 안의 모든 멤버들이 교회의 영적 성장(양적, 질적)의 책임을 가져야 합니다. 이 사역을 그들에게 반복해서 상기시켜 줘야 합니다. 적어도 한 달에 한 번 이상 하나님의 비전 제시가 필요합니다.

나는 그들에게 그들의 관계를 도식으로 그려 보라고 했다. 그들이 그린 도식에 있는 화살표는 주로 새신자와 잃은 영혼으로 향하고 있었다.

나   여러분이 그 사람들을 지나쳐 버리면 어떤 일이 일어나리라 생각하십니까?
그들   그들은 성장하지 않을 것이고, 숫자도 적어지겠지요.
나   맞습니다. 그것이 바로 여러분의 교회가 처하고 있는 현실 아닙니까?
그들   그렇습니다.

나	그러면, 이 문제를 어떻게 해야 할까요?
그들	교회 안의 제자들에게 의도적으로 시간과 에너지를 더 많이 투자해서, 그들이 우리와 같이 일할 수 있게 해야 합니다.

나는 그들에게 www.thehealthydisciple.com 웹사이트에 나와있는 도표를 보여주고, 5개의 훈련 모듈[20]은 각 단계마다 6가지 중요한 경로들로 어떻게 연관되어 있는지를 설명했다.

그들에게 보여주고 싶었던 그림이 하나 더 있었다. 그것은 '네 종류의 밭'(four fields) 이라고 부르는데, 교회 개척 사역에 유익한 자료이다. 다음과 같은 그림을 그려 주었다.

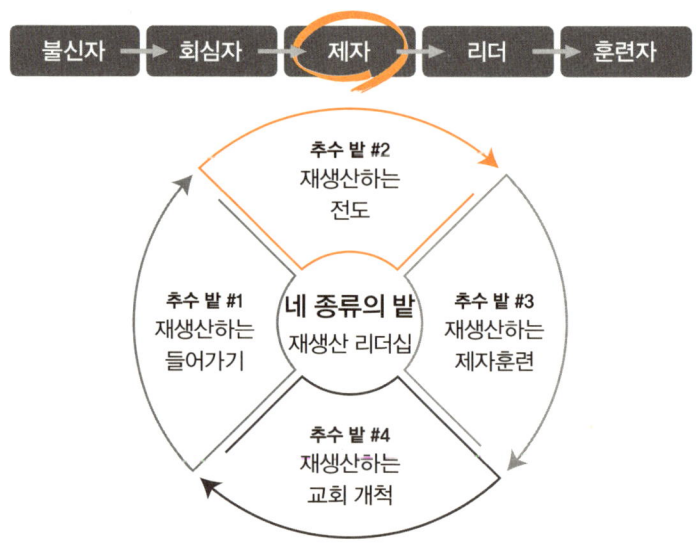

---

20) 96페이지 도표 참조

나	이 '네 종류의 밭'은 5가지 각각의 단계와 적절하게 연관되어 있는 전략입니다. 첫 번째 밭은 교회가 세워져야 할 지역 대상 그룹으로서 우리가 들어가야 할 곳을 나타냅니다. 이 단계 안에 있는 모든 전략들은 교회 개척자들이 목표하는 그룹에 들어가게 하고 거기서 평화의 사람을 찾는 것입니다. 두 번째 밭은 전도가 왕성하게 일어나게 하는 곳입니다. 세 번째 밭은 제자훈련을 집중하는 곳입니다. 네 번째 밭은 교회가 형성되고 성숙하게 자라는 곳입니다. 각각의 밭에서 리더들이 성장하는데, 다섯 번 째 밭은 가운데에 위치합니다. '재생산하는 리더'라고 부릅니다. 여기서 강조하는 바는 모든 사람이 사역에 동참하게 합니다. 우리의 대상 지역 혹은 민족 그룹에 속한 모든 사람들에게 예수 그리스도의 복음을 전하게 합니다. 그들이 복음을 듣고 반응할 수 있는 기회를 주고, 그 중에서 믿는 자들을 제자훈련 시킵니다. 나아가 성경을 믿는 교회를 세움을 통해, 마침내 성숙한 제자들을 배출하는 리더들을 세웁니다. 모든 민족을 제자 삼는 그날까지 더 많은 교회를 세우고, 더 많은 제자를 훈련하고, 더 많은 사람들에게 복음을 전하는 것입니다. 현재 여러분의 교회는 어떤 단계에 있나요?
그들	세 번째 밭 혹은 네 번째 밭입니다. 아직 다섯 번 째 밭까지는 가지 못했어요.
나	여러분이 진단한 것처럼, 이제 우리는 세 번째 밭에서 다섯 번째

	밭에 해당되는 사역에 집중해야 하겠습니다. 맞습니까?
그들	맞습니다.
나	여러분은 새로운 교회를 계속해서 개척하고 있습니까?
그들	아닙니다.
나	이 도표를 사용하는 이유는 교회 개척이 계속되어야 한다는 것을 보여주기 위해서 입니다. 우리 스스로 성장해 나가는 한편 교회는 교회개척 사역은 계속되어야 합니다. 이를 위해 여러분은 무엇을 하고 있습니까?
그들	없는 것 같은데요. 우리는 그저 우리 교회가 잘 되기만을 바랐습니다.
나	교회 개척을 통해 여러분의 교회가 성장하게 되는 것은 당연한 사실입니다. 그러나 여러분은 다시 첫 번째 밭의 일을 시작해야 합니다.
그들	그렇게 해야 한다고 생각합니다. 각각의 밭에서는 어떤 훈련을 해야 하나요?
나	좋은 질문입니다. 각각의 밭에서 해야 할 훈련 모듈은 5 단계의 훈련 모듈과 기본적으로 같습니다. 두 가지 모듈을 하나로 통합한 그림을 보여드리겠습니다.

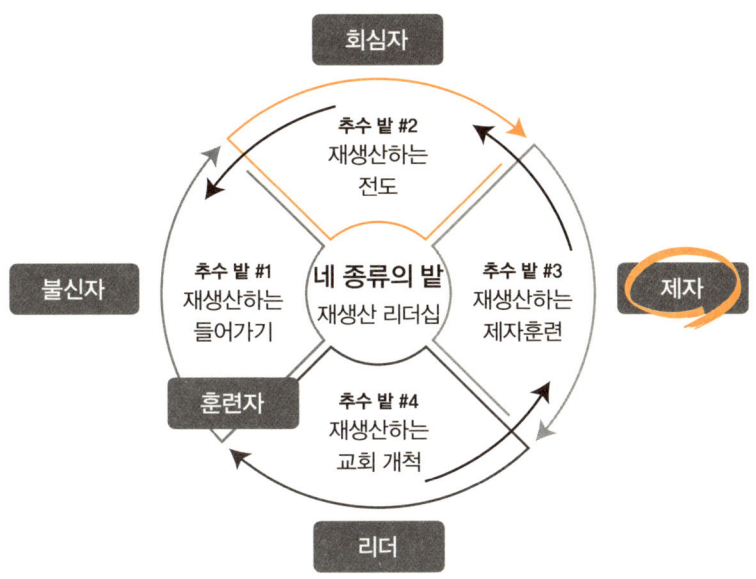

그들은 곧바로 내가 말하는 바를 이해했으며, 그들 자신을 위한 훈련계획을 세웠다. 모든 진단 그림들은 훈련 웹사이트의 전략 페이지 안에 수록되어 있다. 이밖에도 그들의 훈련계획에서 사용된 훈련 자료들은 웹사이트 자료실 안에 보관되어 있어서, www.thehealthydisciple.com 웹사이트로부터 무료로 다운받을 수 있다.

21
" 하나님 나라 확장 전략 1, 2 "

　비전을 제시하는 이유는 전략적 계획을 세우기 위함이다. 이 전략적 계획은 결국 하나님 나라 확장을 위한 전략 훈련이다. 비 오는 어느 날, 선교 파송국에서 온 몇몇 목회자들과 나는 끓고 있는 탕을 앞에 두고 같이 식사를 하고 있었다. 탕 안에는 많은 식재료들이 들어 있었다. 기름, 겹겹이 끼워 넣은 매운 것들, 그 외 다양한 재료들이 국물 아래서 끓고 있었다. 큰 솥 안에 있는 것들을 꺼내기 전까지 그 안에 무엇이 들어 있는지 몰랐다. 우리 대화의 주제는 '아시아에서 우리의 사역을 어떻게 하고 있는가' 였다. 그 탕 안에 있는 식재료들처럼 우리를 깜짝 놀라게 하는 것들이 많았다. 꺼낸 후에야 비로소 알게 되었다.

목사1　당신은 현지 동역자들로 하여금 하나님께서 부르셔서 하기 원하시는 것을 하고 되기 원하는 자가 되도록 강권한다고 했는데,

어떤 식으로 하십니까?

나   먼저 하나님과 가깝고 친밀한 관계를 갖도록 도와줍니다. 건강 상태를 먼저 진단하고 건강하고, 지속적이고, 재생산하는 것을 방해하는 문제들을 해결합니다. 그들이 하나님의 비전을 알고, 하나님께서는 그들에게 적합한 훈련을 시키시고, 그 지역에서 대위임령을 수행하기 위해 그들을 부르셨다는 것을 안다면, 하나님의 인도 아래서 그들에게 순종을 요구할 수 있습니다.

목사2   만일 그들이 하나님께서 원하시는 것들을 순종하지 않으면 어떻게 합니까?

나   나는 어느 누구에게도 강제적으로 순종하게 하지 않습니다. 그런 동역자들이 있다면 그들을 위해 하나님께 기도합니다. 지금까지, 32명의 동역자들과 성공적으로 일했고, 한 명만이 성공하지 못했습니다. 1년 동안 그 한 명의 동역자와 함께 일했는데, 결국 우리는 그와의 훈련 관계를 청산해야만 했습니다. 그 사람은 하나님을 따라야 한다는 것을 알면서도 순종하기를 거절했습니다. 아직도 그와 연락을 하고 있지만, 그러나 실패한 사례 보다도 성공한 것에 더 집중하기로 했습니다. 32명의 동역자들 모두는 성공적으로 동역했습니다. 그들을 인도하는 전략은 『하나님 나라 확장전략』(Kingdom Growth Strategy)이라고 부르는 훈련 모듈입니다.

목사1   좋은 표현입니다.

| 나 | 이를 짧게 『KGS』라고 부르는데, 1일 훈련과정, 3일 훈련과정이 있습니다. 다른 나라에서도 사용할 수 있도록 여러 언어로 번역하고 있습니다. 아시아에서는 이 자료를 몇 년 동안 사용해 왔습니다. 이 과정은 전략적인 전도, 제자훈련, 리더십 개발, 교회 개척전략을 수립하는 데 사용해 왔습니다. 우리가 그들에게 『KGS1』와 『KGS2』를 훈련할 때, 동역자들 대부분이 이미 그런 사역을 하고 있었지만, 훈련하면서 그들의 사역은 훨씬 전략적이고 지속적인 방향으로 발전되었습니다. 이 훈련 속에서 대위임령은 6개의 실제적 단계로 나누어서 실행됩니다. 개념은 비전 제시에서 사용한 개념과 비슷한데, 간결하게 만들었습니다. 훈련모듈은 융통성 있게 활용될 수 있습니다. 성령께서 리더를 인도하신다면, 성숙의 정도와 상관없이 어떤 교회나 교회 리더도 사용할 수 있습니다. |

목사3   어떻게 가능한가요?

나   『KGS1』은 1일 훈련과정인데, 성령님의 인도하심에 따라 계획을 세우고 실행합니다. 이상적인 목적을 추구하지만, 계획은 전략적입니다. 이 계획들은 건강하고, 지속적이고, 재생산하는 사역입니다. 저희에게 재생산성은 가장 큰 도전입니다. 그래서 이 계획은 시간이 지남에 따라 느슨해지기도 합니다. 가장 좋은 것은 훈련 후 6개월 후에 『KGS2』를 하는 것이 좋습니다. 이 모듈은 3일 과정 입니다. 『KGS1』에 나오는 내용들을 여기서 세부적으로 깊이 다룹니다. 그들은 전에 만들었던 계획들을 가지고 와서 『KGS1』에 나오는 6개 요소들을 활용하여 필요한 부분들을 조정합니다. 3일 과정 중 마지막 시간에는 성령의 인도를 따라 계획을 세웁니다. 예를 들면 2백만 명이 복음을 듣게 되고, 3만 5천 명이 예수님을 믿게 되며, 2천 5백만 명 이상이 복음을 들을 수 있는 지역을 위한 계획을 수립합니다.

목사4   정말로 엄청난 숫자입니다. 당신이 하는 훈련의 가장 큰 유익은 무엇입니까?

나   전략입니다. 『KGS』 훈련은 하나님께서 각각의 교회에게 맡기신 자원들을 목록으로 만들고, 이 자원들을 활용하여 하나님께서 그들에게 맡기신 사명을 이룰 수 있게 해 줍니다. 물론 그들은 제가 원하는 만큼 잘하지는 못합니다. 그러나 그들이 하나님께서 원하시는 것들을 하고 있다면 그것으로 만족합니다.

목사4   당신은 언제쯤 이런 훈련을 다른 나라에서도 할 계획입니까?

나   곧 하려고 합니다. 이 두 가지 모듈을 번역하고 있습니다. 이 훈련들이 현지 언어로 만들어져 있기 때문에 영어로 다시 번역을 해야 합니다. 이 훈련이 서구에서 사용되려면 문화적 이질감을 느끼지 않게 번역이 잘 되어야 합니다. 우리가 어디에 있든지 우리가 전하는 것들은 토착화되어야 합니다. 지금 당신이 신비의 탕을 먹고 있는 것과 같습니다.

목사1   당신은 이 모든 신비를 가지고 있어서 참 좋으시겠습니다. 저도

좋습니다. 하지만 제가 먹는 것이 무엇인지 알고 싶지 않습니다.

다같이 웃었다. 그들이 우리의 현지 동역자들을 훈련했을 때, 함께 있는 몇 주 동안 앞으로 발생한 가능성이 있는 문제점들에 대해서 토의했다. 이런 대화를 통해 훈련 자료들을 영어로 번역하는 것이 가치 있는 사역이라는 것을 확증할 수 있었다. 두 개의 『KGS』 모듈이 영어로 번역되고 있으며, 웹사이트, www.thehealthydisciple.com 에서 무료로 다운받을 수 있다는 것을 그들에게 알릴 수 있어서 너무 기뻤다.

22 " 복을 주기 위해 복을 받다 "

　우리가 사역할 때, 현지 대학생들을 우리 사역지로 초청하여 훈련했다. 이곳에서 그들과 많은 시간을 같이 보낼 수 있기 때문에, 그들과 함께 지내면서 여러 이야기들을 주고받는다. 인생의 3단계에서 우리는 대부분의 시간을 가정에서 보낸다. 최근에 가정의 가치에 관한 것 중 한 가지에 대해서 토의하고 있었다. 그것은 역시 복을 받고, 복이 되라는 것이었다. 그 훈련 과정에서 우리가 이 학생들로부터 받은 인상 중 하나는 그들이 비싼 물건을 사고, 비싼 커피를 마시면서도 사역을 위해서는 항상 돈이 없다고 말하는 것이었다. 현지 동역자들과 이 문제를 이야기하게 되었고, 이 문제를 다뤄야겠다고 생각했다.

나　우리가 아시아에 처음 왔을 때, 믿는 자들 사이에서도 뭔가 문제가 있다는 것을 느꼈습니다. 내 것은 내 것이고, 너의 것도 내 것이라는 의식입니다. 이 문제에 대해 몇몇 현지 동역자들과 이 이야기를 나누었는데 그들은 다 같이 쑥스럽게 웃어 넘기고 있었습니다. 이 방안에 있는 모든 사람들도 이 문제를 대수롭지 않게 생각하는 것 같았습니다. 저는 현지 동역자에게 그것은 복음의 핵심에 어긋나는 것이라고 말했습니다. 그 사람들은 깜짝 놀랐습니다. 그 방 안에는 새로 믿기 시작하는 사람들도 많았습니다.

한 학생 그들이 화가 났습니까?

나 화가 난 것이 틀림 없습니다. 하지만 우리 안에서 이런 문제들을 얼마든지 터놓고 말할 수 있어야 합니다.

다른 학생 그것은 중요한 문제입니다.

나 그렇지요. 질문하나 하겠습니다. 복음의 핵심이 무엇입니까?

그 학생들은 많은 대답을 했지만 그런 질문을 했을 때 혼란스러워 했다. 나 역시 이 질문은 여러 가지 신학적 문제들이 나올 수 있는 것이라고 생각되어 이 문제를 토론의 주제로 오래 끌려고 하지 않았다.

나 우리는 복을 주기 위해서 복을 받았습니다. 동의하십니까?

그들 그것이 복음과 어떤 관계가 있습니까?

나 그것은 현지 동역자가 질문한 것입니다. 성경이 이 문제에 대해 뭐라고 말하는지 봅시다. 갈라디아서 3:8을 같이 보겠습니다. 아브라함에게 전해진 것이 무엇이었습니까?

그들 복음인가요?

| 나 | 그렇습니다. 그 복음의 내용은 무엇입니까?

| 그들 | "모든 민족이 너를 통해 복을 얻게 되리라"는 것입니다.

| 나 | 맞습니다. 복음은 분명히 예수님 안에서 완성되었습니다. 이방인들은 은혜를 인하여 믿음으로 말미암아 구원을 받게 되었습니다. 예수님은 이 축복의 완성이지만, 아브라함은 모든 민족이 그를 통해 복을 받게 될 것 만을 알았습니다. 창세기 12:1-3을 같이 봅시다. 이 구절은 아브라함 -그때는 아브람- 과 그가 받은 복을 뭐라고 말하고 있습니까?

| 그들 | 아브라함은 복을 받게 될 것이고, 그를 통해 모든 민족이 복을 받게 될 것이라고 말합니다.

| 나 | 예. 아브라함은 복을 주기 위해 복을 받았습니다. 그것은 복음의 핵심이고 복음의 중심입니다. 맞아요. 우리는 복음을 증거해야 합니다. 로마서 10장에서 분명히 말하고 있습니다. 복음을 증거하지 않으면 사람들이 복음을 들을 수 없습니다. 복음을 듣지 못하고 어떻게 복음을 믿을 수 있겠습니까? 이와 더불어 우리는 또한 복음대로 살아야 합니다. 복음이 물질적인 소유와 어떤 연관성을 있는지 한 예를 통해서 살펴봅시다. 고린도후서 9:6-8을 봅시다. 관대함에 대해서 뭐라고 말합니까?

| 그들 | 하나님은 즐겨 내는 자를 사랑하신다고 말합니다. 적게 심은 자는 적게 거두고, 많이 심은 자는 많이 거둔다고 했습니다. 또한 억지로 헌금하지 말라고 합니다. 하나님은 즐겨 내는 자를 사랑

하십니다.

나 맞습니다. 하나님은 우리의 헌금을 통해서 어떤 일을 하십니까?

그들 하나님은 우리에게 풍성한 은혜를 주셔서 모든 선한 일을 하게 하십니다.

나 우리가 이 세상에 존재하는 이유는 무엇입니까?

그들 하나님께 영광 돌리기 위해서 존재합니다.

나 어떻게 그렇게 할 수 있을까요?

그들 열매를 맺어야 합니다.

나 관대함이 여러분이 존재하는 이유와 어떤 연관이 있습니까?

한 학생 잘 모르겠는데요.

나 제가 현지 동역자로부터 들은 이야기 입니다. 이 말씀을 계속 읽어 봅시다. 10-12절을 읽으세요. 씨를 주시는 분은 누구입니까?

그들: 하나님입니다.

나 하나님은 왜 당신에게 씨를 불어나게 하십니까?

그들 의의 열매를 맺게 하시려고.

나 하나님은 어떻게 당신을 풍성하게 하십니까?

그들 모든 면에서 풍성하게 하십니다.

나 그렇게 하시는 목적은 무엇인가요?

그들 모든 일에 관대하여 하나님께 감사하는 삶을 살게 하기 위해서지요.

나 당신이 하나님의 이름으로 다른 사람들에게 관대하게 베풀어

주는 삶을 산다면, 하나님께서 공급하시는 씨를 통해서 누가 감사와 찬양을 받으실까요?

그들   하나님께서 받으십니다.

나   하나님이 우리에게 풍성하게 주시는 이유가 무엇입니까? 우리를 부르셔서 무슨 일을 하게 하십니까?

그들   하나님께서 말씀하시는 바는 우리에게 모든 면에서 풍성하게 주셔서 우리로 하여금 관대하게 베풀게 하시며, 복이 되게 하는 것입니다.

나   관대함은 그리스도와 동행하는 데 필수적인 요소입니다. 우리가 소유하는 모든 것과 우리의 모든 시간, 모든 에너지, 지식, 영적 은사, 재능 모든 것들은 하나님으로부터 온 선물입니다. 그래서 우리는 하나님께서 부르신 바대로, 하게 하신 것들을 하고, 되게 하신 자들이 될 수 있습니다. 현지 동역자들은 물질적 소유가 우리의 믿음과 상관이 없다고 말하는데, 그것은 사실이 아닙니다. 나는 그들에게 1년에 한번씩 성경책과 성결 자료들을 사라고 말합니다. 우리가 전에는 그 비용을 100퍼센트 부담했지만, 내년부터는 이를 위한 예산을 준비해 놓으라고 했습니다. 그래서 내가 75퍼센트를 부담하고, 그들이 25퍼센트를 내면, 그 비용으로 더 많은 사람들에게 복음을 전할 수 있을 거라고 말했습니다. 실제로 다음 해에 그들이 25퍼센트 냈습니다. 그 다음해에 그들이 50퍼센트를 내고, 제가 50퍼센트를 부담하자고 했습니다. 어떻게 됐을까요?

그들　그들이 절반을 냈겠지요.

나　그들은 제가 기대했던 것 보다 더 많이 냈습니다. 85퍼센트를 냈어요. 그들은 그들 자신만을 위해서 살지 않고, 다른 사람에게 주는 것이 복이라는 것을 배웠습니다. 관대하게 주는 것은 성숙의 외적인 표시입니다.

그들　예. 그렇습니다.

나　여러분은 어떻게 생각하세요?

한 학생　우리요? 우리도 여기서 많은 것을 희생했습니다.

나　여러분이 여기에 오기까지 많은 사람들의 희생이 있었습니다. 여러분 중에서 여러분 자신의 비용으로 이곳에 오신 분 계십니까? 사실 여러분 대부분의 여행 경비는 다른 교회와 성도들의 헌금으로 이루어졌습니다. 여러분은 무료로 이 훈련을 받으시지만, 한편으로는 비싼 커피를 마시고, 고급 호텔에서 묵고 있다는 것을 알고 있습니다. 여러분은 지금 복음대로 살고 있다고 생각하십니까?

침묵이 흘렀다. 자기 중심적인 태도는 서양에도 만연해 있고, 동양에서도 점점 확대되어 가고 있다. 사람들은 자기 소유를 남을 위해 사용하는 것에 대해서 깊이 생각하지 않는다. 그러나 하나님께서 우리에게 이런 선물을 주신 이유는 다른 사람들에게 복이 되게 하려는 것임을 사람들은 아직도 모르고 있다. 우리가 어떻게 이 닫힌 나라에서 5년 동안 2백만의 사람들에게 복음을 증거할 수 있었을까? 이곳에서는 대중 전도 집회도, TV 방송 설교도 할 수 없다. 많은 사람들의 희생을 통해서 하나님께서 행하셨다는 것이 해답이다. 많은 형제, 자매들이 하나님께서 부르셔서 하라고 하신 것들을 하고, 되라고 하신 자가 될 수 있었다. 복이 되기 위해 복을 받았다는 사실이 물질주의의 문화에 저항할 수 있는 무기이며, 예수 그리스도와 동행하는 자들이 가져야 할 원리이다. 그러므로 복을 받았으니, 복이 되자.

23

" 하나님의 비전을 먼저 그리고 자주 제시하라 "

    선교 파송국가에서 온 목회자들과 교사들이 우리 신학 훈련센터에 와서 가르쳤는데, 그들과 저녁식사 할 수 있는 기회를 가졌다. 그들은 하나님께서 현지 동역자들을 통해 하시는 일들을 보면서 무척 기뻐했다. 목회자 중 한 사람은 우리가 어떻게 그 많고 다양한 사람들에게 대위임령을 성취하는 동일한 비전을 갖게 할 수 있었는지를 물었다. 그 짧은 시간 안에 그렇게 많은 지하교회들과 연결되어 사역할 수 있었는지 궁금해 했다. 또한 연장자를 공경하는 유교사상의 장벽을 어떻게 극복할 수 있었는지 흥미로워했다.

목사1   그들에게 사례비를 주었습니까?

나   아닙니다. 그들은 재정적으로 우리에게 의존하는 것을 원하지 않았습니다. 현지 목회자들에게 사례비를 지급하는 것은 세 가지 금지 사항 중 하나를 어기는 것입니다. 우리의 목적은 건강하고, 지속적이고, 재생산하는 사역입니다. 목회자들에게 사례를 지급하는 것은 처음에는 잘 되는 것처럼 보여도, 결국에 그것은 건강하고, 재생산하는 생명력을 끊게 만드는 요인이 됩니다.

목사1 그러면 그렇게 많은 현지 목회자들과 어떻게 동역했습니까?

나 하나님의 은혜가 아닐 수 없습니다. 하나님의 은혜로, 하나님께서 우리에게 기대하시는 바를 분명하게 전달할 수 있는 비전 제시의 도구를 우리에게 주셨습니다. 이를 통해 우리는 성경에 나오는 주요 전략과 패턴을 찾을 수 있었습니다. 엘리사의 종이 눈이 가려져서 천군 천사를 보지 못했던 것처럼, 현지 동역자들의 눈에 하나님의 비전이 가려져 있었던 것입니다. 어떻게 그렇게 많은 현지 지도자들이 우리와 함께 동역하게 되었는지 우리는 설명할 수 없습니다. 우리는 그들에게 사례비를 주지 않았던 젊은 외국인들이었습니다. 많은 단체들이 현지인들에게 사례를 주었지만, 우리는 그렇게 하지 않았습니다. 우리는 그들을 사랑했고, 융통성 있게 사역했고, 비전을 가지고 있었고, 하나님의 분명한 소명이 있었지만 다른 목적은 없었습니다. 우리는 외국인이었기 때문에 그들이 우리와 함께 일한다는 것은 자신들을 위험한 상황에 처하게 만드는 것이 될 수도 있었습니다. 위험에 처해진다 해도 우리와 함께 일하는 것을 더 가치 있는 것으로 여겼으며, 우리를 한 배를 탄 자 동역자로 여기며 자랑스럽게 생각했습니다. 그들을 그렇게 만들어준 것은 가장 중요한 요인은 바로 비전 제시였습니다.

목사1: 그것이 영어로 번역되어 있습니까?

나 현재는 일부분만 번역되어 있습니다. 서구에서도 사용할 수 있도록 계속 번역 작업을 하고 있습니다. 지금으로서는 아시아에서 훈련하는 것이 훨씬 수월합니다. 훈련의 중요한 포인트들이 서구의 상황에 맞으면서도 쉽게 기억될 수 있도록 만들어가고 있습니다. 이것이 완성되면 여러분들도 아마 좋아할 것입니다.

목사1 당연히 좋아하겠지요.

나 비전은 쉽게 사라집니다. 비전은 사역을 시작할 때 제시되어야 하며 또한 자주 제시되어야 합니다. 비전 제시하는 것이 지루해지고 있다면, 비전 제시를 이제 막 시작했다는 것을 의미하는 것입니다. 현지 동역자들은 12개월에서 18개월 동안 이 비전을 듣고 나서야 비로소 그 비전이 그들의 것이 되기 시작했습니다. 다시 말해 그제서야 비로소 그 비전이 행동으로 옮겨지기 시작했습니다.

훈련 파일들을 번역하는 것을 첫 번째 우선순위로 두었다. 그 목사는 우리의 파일들을 가지고 가서 물이 바다를 덮음 같이 하나님의 영광을 아는 지식이 온 땅에 가득하게 되는 하나님의 비전을 제시하기 시작했다.

24. "축복하고, 사랑하고, 섬기고, 권면하라 : "BLSP""

조그마한 패스트푸드 가게의 뒷구석에서 우리는 싼 커피를 마시고 있었다. 음악 소리가 너무 크고 귀에 거슬렸지만, 우리 말을 엿듣고 있는 사람이 있었다면 오히려 그 소음이 우리에게 도움이 되었을 것이다. 안전 문제로 인해 전화기를 모두 꺼 놓은 상태였으며, 가벼운 마음으로 서로 소개하는 시간을 갖고 있었다. 내 앞에 있었던 형제는 내 나이보다 두 배나 많았다.

그 내가 왜 당신과 함께 사역해야 합니까?

나 왜냐하면 하나님께서 우리를 이곳에 보내셔서, 당신을 축복하고, 사랑하고, 섬기고 권면하게 하셨기 때문입니다. 그 결과 당신은 하나님이 부르신 자가 되고, 하나님이 부르신 일을 할 수 있게 됩니다.

내 말을 들은 그는 무척 놀랐다.

그   사역자들은 대부분 스스로 생활을 책임집니다. 당신이 원하는 것이 무엇인가요?

나   제가 원하는 것은 당신이 하나님이 부르신 자가 되고, 하나님이 부르신 일을 하는 것입니다. 저는 하나님 나라에 대한 부담이 있는데, 아직 하나님의 백성이 되지 못한 사람들, 앞으로도 그럴 가능성이 없는 자들에 대한 마음의 부담입니다. 모든 사람들이 하나님의 자녀가 될 수 있는 기회를 갖게 되기를 바라는데, 이는 바로 왕성한 전도와 교회 개척을 통해서 성취될 수 있습니다.

그   그렇다면 당신의 목표는 교회 개척입니까?

나   아닙니다. 교회 개척은 목적을 이루는 수단에 불과합니다. 그 목적은 내 목적이 아닙니다. 사람들은 종종 하나님의 목적과 그 목적을 이루는 자료나 과업을 혼동합니다. 전도, 선교, 일주일에 한번씩 모여 함께 예배하는 것이 하나님의 목적이 아닙니다. 하나님의 목적은 물이 바다를 덮음 같이 하나님의 영광을 아는 지식이 온 땅에 가득하게 되는 것입니다. 전도, 선교, 교회 개척은 그 목적을 이루는 수단이지, 그 자체가 목적일 수 없습니다. 하나님은 소중한 지역 교회에 소중한 형제, 자매들을 주셔서, 그들로 하여금 대위임령을 성취하게 하십니다. 이 일을 위해 우리가 함께 협력하여 하나님을 더 잘 알게 하십니다. 또한 그리스도의 분량에 도달하게 하십니다. 우리를 통해 하나님 나라를 세우시고, 우리 안에서 영광을 받으십니다. 이것이 그분의 방식입니다.

그: 아. 전에 이런 말을 들어 본적이 없습니다. 축복하고, 사랑하고, 섬기고, 권면한다는 것(BLSP)은 무슨 뜻인가요?

나: 우리는 복이 되기 위해 복을 받습니다. 이것이 복음의 핵심입니다. 가능한 한 이렇게 살려고 노력해야 합니다. 이것은 우리가 살아야 할 모본이면서 동시에 삶의 원리입니다. 하나님을 사랑하고 이웃을 사랑하라는 것은 대계명입니다. 그것은 복이 되라는 것과 같은 말입니다. 예수님도 섬김을 받으려 함이 아니고 섬기기 위해 이 땅에 오셨습니다. 우리도 이렇게 살아야 합니다. 당신이 하는 사역을 우리 맘대로 통제하고 싶은 생각은 전혀 없습니다. 우리가 정말 원하는 것은 사역의 동역자요 협력자로 함께 일하는 것입니다. 마지막 한 가지는 여러분을 권면해서 하나님이 부르신 자가 되고, 부르신 일을 할 수 있게 하는 것입니다. 그것이 우리가 원하는 것입니다.

그: 정말입니까? 그것이 전부입니까?

나: 맞아요. 우리의 훈련 자료를 먼저 보고, 당신이 원하는 것과 필요로 하는 것이 무엇인지 함께 상의해 볼까요?

그: 좋아요. 결정하기 전에 당신이 인도하는 훈련 모임에 와서 들어 봐도 될까요?

그는 자기 모임의 주요 리더들과 함께 우리 훈련 모임 중 하나에 참여하기로 했다. 우리는 그들에게 신학훈련, 훈련자료, 식사, 목회 컨설팅 등을 제공해 주면서 그들을 축복하고, 사랑하고, 섬기고, 권면했다(BLSP). 그들은 우리와 함께 긴밀하게 동역했다. 또한 우리는 그들을 축복하고, 사랑하고, 섬기고, 권면했다(BLSP). 이를 통해 그들은 하나님이 부르신 일을 하고, 부르신 자가 되는 과정을 경험하기 시작했다.

25 "당신의 가족을 사랑하는 이유"

우리의 현지 동역자들을 BLSP[21]하기 위해 그들을 위한 수련회를 계획했다. 그들은 유능한 교회 개척자들이었고, 매우 열심히 하나님의 사역을 감당했지만, 그들 중 아무도 영적 수련회에 대해 들어본 적이 없었다. 솔직히 말해, 하나님과의 친밀한 사랑의 관계를 개발하고자 하는 그런 시도는 그들에게는 여전히 다른 나라의 이야기였다. 하지만 이번에는 그들을 이런 방식으로 축복하고 싶었다.

우리는 세 살도 되지 않은 두 아이가 있었다. 그럼에도 우리는 모든 가족들의 짐을 챙겼다. 그리고 수련회가 열리는 작은 도시로 갔다. 우리는 조용한 호텔의 방들을 빌렸다(그 지역에서 이런 방을 빌린다는 것은 정말 흔치 않은 일이었다).

우리는 24명의 현지 동역자들을 모아서 3일 동안을 같이 지냈다.

---

21) 대화 24를 보면 더 많고 자세한 정보를 알 수 있다.

수련회는 바쁘고 피곤하게 돌아갔다. 그러나 그들 모두에게는 너무나 좋은 시간이었다. 그들은 아주 잘 쉬고 유익한 시간을 보냈다.

수련회가 끝난 후에 아내와 나는 며칠 동안 쉬어야 했다. 우리 몸이 지쳐 쓰러질 때까지 모든 사람들의 손과 발이 되어 섬겼지만, 그 시간은 우리를 위한 시간이 아니라고 여기면서 섬겼다.

마지막 날, 그들을 멋진 카페로 데리고 가서, 네 그룹으로 나누어 함께 앉았다. 그 경험은 그들의 문화에서는 없었던 사건이었다. 그들에게 자기 그룹에 있는 다른 사람들에 대한 세 가지 사실을 말해 보라고 지시했다. 그러나 그 세 가지 사실은 그들의 관계를 깨뜨리는 것이 아니라 서로를 세워주는 긍정적인 사실이어야 한다고 했다.

누군가를 주목해서 말할 때, 주로 깎아 내리는 말을 하는 것이 현지 문화였기 때문에, 그런 과제가 그들에게 쉽지는 않았을 것이다. 그룹에서 사람들이 말하기 시작했는데, 예상했던 것만큼 어렵지 않았다. 그들은 눈물을 흘리고 있었다. 그 방에 있던 많은 형제, 자매들이 동료들로부터 처음으로 칭찬의 말을 듣게 되었던 것이다. 모임이 끝날 때쯤 그들은 방에 있는 나를 불렀다.

형제	당신과 당신 아내에게 우리의 사랑을 전하고 싶은 세 가지 일들을 말하고 싶어요.
나	아니에요. 이 모임에서는 나에 대해 말하는 것이 아니에요. 여러분에게 서로에게 해당되는 활동이에요.

형제　정말입니다. 여기에 앉으세요. 그리고 우리가 당신을 사랑하는 세 가지 이유를 들어 주세요.

나　자 이제 마쳐야 할 시간입니다. 아기가 곧 깰 시간입니다. 아기가 일어나기 전에 돌아갑시다. 이럴 시간이 없어요. 행사는 여기서 마치고, 이제 각자 일 하러 갑시다.

자매　안돼요. 당신이 여기 앉기 전까지 다른 일을 할 수 없습니다.

그 자리를 피할 수 없다는 것을 알고 난 후, 나는 그 자리에 앉았다. 24명의 시선이 나를 바라보고 있었다. 나의 사랑의 언어는 칭찬하는 말이다. 내가 그 자리에 속해 있다는 사실이 무척 즐거웠지만, 그들이 내게 들려준 말은 나를 깜짝 놀라게 했다.

형제　우리가 당신이 하는 일에 헌신한 이유는 당신이 우리에게 해 준 훈련도, 교회 개척 시스템도, 당신이 제공해 준 자료도, 다른 어떤 것도 아니었습니다.

나는 하마터면 그들에게 남을 칭찬한다는 것은 긍정적인 말을 해 주는 것이지, 남을 당황하게 하는 것이 아니라고 말 할 뻔했다.

형제　우리가 당신의 일에 헌신한 한 가지 이유가 있어요. 당신이 우리를 사랑한다는 것을 알고 있기 때문입니다.

나는 망치로 한대 얻어맞은 것 같았다. 나는 일 중심적인 남자였다. 그래서 내 목적을 성취하기 위해 사람을 이용하지 말고 사람 중심이 되자고 의식적으로 노력했다. 나는 우리가 '어떤 사람이기 때문에'가 아니라, '우리가 했던 그 일 때문에' 그들에게 헌신했다 라는 말을 듣고 싶었다. 그러나 반대였다. 쉽게 말해서 내 자존심이 상했다. 그 일을 통해 나는 형제 자매를 사랑하는 것이 내가 하는 사역보다 훨씬 더 중요하다는 것을 배웠다. 과거에는 내가 해야 할 일들을 체크하면서 훈련하는 것을 좋아했었다. 그러나 그때 이후로 모든 것이 변했다.

자매   우리가 당신에게 헌신한 이유는 우리가 당신의 아이들을 안을 수 있게 해 주었기 때문입니다.

형제2 당신은 당신의 가정을 우리에게 오픈했어요. 우리가 필요할 때마다 당신에게 전화할 수 있었고, 당신은 언제나 우리와 함께 해 주었어요.

형제3 만일 내가 이 사역을 포기한다 해도, 그래도 당신은 내 편이 되어 주리라는 것을 알아요.

자매2 당신이 우리를 가르치고 훈련하면서 당신의 마음을 알게 된 것이 정말 좋았어요. 당신은 우리에게 솔직하게 마음을 열었어요. 당신은 당신이 힘들어 하는 것, 실패한 것 조차도 우리에게 말해 줬어요. 그것으로 인해 많은 것들을 배우게 되었어요.

나   그렇게 말한다면, 저에게 배울 수 있는 것들은 끝도 없겠네요.

　모두들 웃었고, 그 방의 분위기는 환했다. 그들은 한 명씩 차례로, 그들이 우리를 사랑했던 세 가지 이유를 말해 주었다. 내게는 과분한 보답이었다. 그 동안의 모든 피로도 기쁨으로 변했다.

　아내와 나는 그 행사가 마친 다음 날도 피곤에 지쳐 아이들을 재우고, 우리도 잠에 빠졌다. 그러나 우리의 마음은 기쁨이 넘쳤다. 하나님은 우리가 전혀 상상하지 못한 방법으로 우리를 통해 새 일을 하셨다.

　우리의 훈련 방식도 그때를 계기로 달라졌다. 훈련할 때, 우리는 훈련생들과 우리 집에서 같이 생활한다. 훈련생들이 우리 집 안에서 뭔가 하려고 해도 아무 것도 막지 않는다. 심지어 현지 동역자가 빨래도 하고, 우리 아이들 기저귀도 갈아주고, 훈련할 때 요리도 한다. 그들에게 보여주는 우리의 삶이 우리가 가르치고 훈련하는 내용만큼이나 열매를 맺게 하는 것이라고 그들은 말한다. 나도 그렇게 생각한다.

26
" 건강한 교회 "

최근 몇몇 친구들이 우리 집에 와서 현지 요리 파티를 열었다. 그들은 우리에게 요리를 잘하는 법을 가르쳐 주면서 우리를 축복해 주려고 했다. 그 결과 우리 주방과 거실은 요리 작업실로 변했다. 채소를 자르고, 고기를 다지고, 밀가루를 반죽하고, 콩깍지를 까면서 함께 일하는 동안 현지인 친구는 자기 교회에서 일어난 문제를 내게 말해 줬다. 나는 그에게 건강한 교회의 개념에 대해 들어본 적이 있냐고 물었는데, 그는 별로 아는 바가 없다고 대답했다.

나 에베소서 4:11-16을 읽어 보세요. 건강한 교회는 어떤 교회인지 정확하게 정의를 내리고 있습니다. 교회가 수적으로 성장하고 건강한 교회가 되게 하기 위해 하나님께서 첫째 단계로 무엇을 하시는지 아십니까? "그가 어떤 사람은 사도로, 어떤 사람은 선지자로, 어떤 사람은 복음 전하는 자로, 어떤 사람은 목사와

교사로 삼으셨으니 이는 성도를 온전하게 하여 봉사의 일을 하게 하며 그리스도의 몸을 세우려 하심이라 우리가 다 하나님의 아들을 믿는 것과 아는 일에 하나가 되어 온전한 사람을 이루어 그리스도의 장성한 분량이 충만한 데까지 이르리니 이는 우리가 이제부터 어린 아이가 되지 아니하여 사람의 속임수와 간사한 유혹에 빠져 온갖 교훈의 풍조에 밀려 요동하지 않게 하려 함이라 오직 사랑 안에서 참된 것을 하여 범사에 그에게까지 자랄지라 그는 머리니 곧 그리스도라 그에게서 온 몸이 각 마디를 통하여 도움을 받음으로 연결되고 결합되어 각 지체의 분량대로 역사하여 그 몸을 자라게 하며 사랑 안에서 스스로 세우느니라"

그 하나님은 우리에게 여러 형태의 교회 리더들을 주십니다.
나 잘 하셨어요. 그 리더들을 주신 목적이 무엇인가요?
그 봉사의 일을 하게 하기 위함입니다.
나 그 성경 구절을 무엇을 말하나요?
그 아! 성도를 온전하게 하는 것입니다.

'카다르티스모스'라는 단어는 현지어로 '완전하다' 라는 뜻으로 번역할 수 있다. 그러나 그 단어의 의미는 양육과 제자훈련으로 '구비시키다' 라는 뜻이다.[22]

이 단어는 신약성경에서 단 한번만 사용되었는데, 성경이 아닌 다른 곳에서는 '준비하다'라는 의학적인 의미로 사용되었다. 그러나 '구비시키다'가 더 정확한 의미이다.

나   무엇을 위해서 완전케 하고, 구비 시킨다는 것일까요?

그   봉사의 일을 위해서.

나   누가 봉사의 일을 하나요? 성도인가요, 리더인가요, 아니면 둘 다 인가요?

그   둘 다입니다.

나   맞아요. 이 점이 대부분의 교회가 놓치고 있는 부분인데요, 건강하고, 지속적이고, 재생산하는 것입니다. 전 세계에 있는 많은 교회들이 영적인 게으름에 빠져 있어요. 평신도들과 회중들은 교회에 다니지만, 대부분은 성직자가 일하는 것을 구경만 해요. 사실상, 대부분의 교회는 4세기에 콘스탄틴 황제가 기독교를 국교화한 후, 성직자와 평신도가 분리되었고, 이후에 봉사의 일을 간

---

22) Arndt, W., Danker, F. W., & Bauer, W. (2000). *A Greek–English Lexicon of the New Testament and Other Early Christian Literature* (3rd ed., 526). Chicago: University of Chicago Press.

과하기 시작했어요. 여러 교단과 단체들은 신학적인 관점에 대해 동의하지 않았습니다. 대부분의 사람들은 이 문제에 대해서 어느 정도 무시하고 지나쳐 버렸죠. 좋은 소식은 이젠 변화가 일어나고 있다는 것입니다.

그   교회에서 행하는 것들에 대해 우리가 알고 있는 거의 모든 것들이 바뀌었습니다. 만일 교회의 중요한 사역을 평신도들이 한다면, 목사와 리더들이 하는 일이 무엇입니까?

나   목사와 다른 교회 장로들과 리더들은 분명히 중요한 직분입니다. 그러나 봉사의 일을 하는 대신에 그들을 훈련하는 일을 해야 합니다. 이것은 중요한 변화입니다. 성직자만이 아니라 모든 사람이 그리스도의 몸을 세우는 일을 합니다. 하나씩 살펴 볼까요?

   우리 대화의 나머지는 비전제시 훈련자 가이드에 녹음이 되어 있다. www.thehealthdisciples.com 을 열어 보면 확인할 수 있다.

나   여기에 건강하고 선교적인 교회의 정의가 있습니다. 에베소서 4:11-16을 봅시다. 11-13절은 건강하고 선교적인 교회가 되는 과정의 7가지 측면을 보여주고 있습니다. 14-16절은 주로 건강하고 선교적인 교회가 된 결과를 묘사하고 있습니다.
   요컨대, 하나님은 교회에 다양한 리더들을 주셔서 성도들을 구비시켜 봉사의 일을 하게 함으로써 그리스도의 몸을 세우십시다. 그리하여 우리 모두 하나님의 아들을 믿고 아는 일에 하나가 되어 온전한 사람을 이루어 그리스도의 장성한 분량이 충만한 데까지 이릅니다.

양상 1 "하나님은 교회에게 다양한 리더들을 주십니다"
다양한 은사를 가진 많은 리더들이 있습니다.

양상 2 "성도들을 구비시켜"
오늘날 거의 모든 교회들이 이 양상을 소홀히 하고 있습니다. 교회의 리더는 네 가지 주요한 기능을 가지고 있습니다. 성도들을 인도하고, 가르치고, 보호하고, 구비시키는 것입니다. 이 구절은 구비시키는 것을 말합니다. 교회 리더의 중요한 임무는 성도들을 구비시켜 그들로 하여금 봉사의 일을 하게 하여 교회를 세우는 것입니다. 성도들이 봉사의 일에 참여해야 하고 우리는 그들을 구비시키고, 그들에게 힘을 실어 주어야 합니다.

양상 3 "봉사의 일을 하게 함으로써"
교회의 리더들이 성도들을 위해서 봉사의 일을 하는 것이 아니고, 성도들이 봉사의 일을 하는 것입니다. 물론 리더들도 봉사의 일을 해야 합니다. 그러나 그렇게 되면 리더의 주요 임무가 성도들을 구비시키는 일인데, 결국은 그와는 반대되는 일을 하게 되는 셈입니다. 성도들이 봉사의 일을 할 수 있도록 구비시키지 않은 결과가 바로 오늘날의 교회 모습입니다. 오늘날의 교회는 영적 게으름이 만연되어 있는데, 이는 주로 교회의 대부분의 일을 성직자들이 하고, 교회의 멤버들은 구경꾼이 되어 버렸기 때문입니다.

양상 4 "그리스도의 몸을 세우십시오"
교회는 모든 사람이 교회의 리더들에 의해 구비되어, 봉사의 일에 동참할 때 세워집니다. 16절은 몸은 각 지체가 구비되고, 분량대로 역사하여, 사랑 안에서 스스로 세워진다고 말합니다.

양상 5 "우리 모두 하나님의 아들을 믿고 아는 일에 하나가 되어"
하나됨은 에베소서 전체에서 강조됩니다. 요한복음 17:23에서 예수님이 명령하신 것입니다. 우리의 하나됨은 특정한 사람의 가르침이나 신학적인 체계를 중심으로 연합되는 것이 아닙니다. 그것은 믿음에서 나옵니다. 어떤 면에서 우리의 하나됨은 모든 성도들이 그리스도의 몸을 세우는 일을 함께함으로 나타나는 결과이기도 합니다. 다시 말해, 하나님이 전에 우리를 위해 예비하신 것(엡 2:10)과 하나님의 진리가 말씀하시는 것을 우리가 겸손히 행할 때, 하나됨이 이루어집니다.

양상 6 "하나님의 아들을 아는 일에"
영생은 하나님을 아는 것(요 17:3)입니다. 우리가 봉사의 일을 함께 하여 그리스도의 몸을 세우게 될 때 하나님을 알게 됩니다. 교회 안에서 하나님과 다른 사람들을 섬기는 상황 속에서 하나님을 알고 경험합니다. 혼자서 신앙 생활하는 그리스도인들은 하나님의 충만한 분량까지 알 수 없습니다.

양상 7 "온전한 사람을 이루어 그리스도의 장성한 분량이 충만한 데까지 이르게 됩니다"
이것이 이 땅에서 우리의 신앙 여정의 최종 목적지입니다. 리더에 의해 잘 구비되어 봉사의 일을 하고, 그리스도의 몸을 세우는 과정에서 우리는 영적으로 성숙하게 됩니다. 성경공부와 기도를 통해서만 성숙해 지는 것은 아닙니다. 하나님께서 교회 안에서 우리를 부르셔서 각자가 해야 할 일을 하면서 성숙해 집니다. 성숙해지는 과정에는 순종하고 교제해야 할 것이 많이 있다는 것을 기억해야 합니다. 물론 지식도 필요합니다. 믿음이 무엇인지 모른다면 어떻게 믿음으로 하나가 될 수 있을까요? 그러나 무엇보다 중요한 것은 순종입니다.

나   건강하고 선교적 교회로 자라기까지 안내해 주는 7가지 주요한 양상들을 보았습니다. 이 과정의 결과는 과정 자체만큼이나 놀랍습니다. 14절은 우리가 이제부터 어린아이가 되지 아니하여 사람의 속임수에 빠지지 말라고 말합니다. 아시아에서는 이단의 활동이 너무 많기 때문에 특별히 이 말씀을 교회에 잘 적용해야 합니다. 15절은 오직 사랑 안에서 참된 것을 하라고 말합니다. 제 경험에서 보면, 교회 안에서 말을 많이 하지만, 사랑과 진리로 대화하는 것은 부족합니다. 모든 믿는 자들이 교회의 사역에 동참해야 한다는 것을 믿지 않는다면, 15절과 16절을 성경에서 빠져야 할 것입니다. 우리는 그리스도의 몸의 일부분이고, 그리스도가 머리십니다. 우리 각자는 맡겨진 대로 우리 역할을 해야 하고, 사랑 안에서 서로 세워져 갈 때, 그리스도의 몸 된 교회로 자라게 됩니다. 얼마나 아름다운 모습입니까?

그   네 아름다워요. 정말 맞는 말씀입니다.

나   그러나 그렇지 않을 때도 많이 있습니다. 저에게 제일 견디기 힘들었던 고통과 비난도 역시 교회 안에서 생겼습니다. 그럼에도 불구하고 우리는 하나님의 영광을 위해, 하나님의 능력과 은혜로, 재생산하는 교회, 건강하고 선교적인 교회를 세우려고 노력해야 합니다. 어디서부터 시작해야 하나요?

그: 우리와 함께 해야겠지요.

현지 리더들과 대화 할 때마다 이 개념을 나눴다. 교회 안에 있는 모든 사람들이 교회의 중요한 사역에 동참해야 한다는 이 생각이 그들의 사역 접근태도를 변화시켰다. 이런 개념이 교회의 모든 사역에 스며들기까지는 오랜 시간이 걸린다. 그러나 변화하는 법을 배운 동역자들은 힘든 부분도 있었으나 많은 열매를 얻었다.

"통계와 전략과의 관계"

지난 2주 동안 수백 명의 현지 교회 리더훈련을 마친 목회자들이 아시아에서의 사역을 평가하기 위해 우리 집 거실에 함께 모였다. 이곳에 왔던 모든 팀들처럼, 그들도 비록 몸은 지쳤지만 하나님께서 이 지역에서 하시는 일을 보고 흥분했다. 평가할 때, 우리의 사역 통계를 보여주고, 이것이 전략과 어떻게 연관되는지 보여주는 시간이 있었다. 이 도표는 아래 도표의 옛날 버전이다(6년간의 통계인데, 전반기 6개월 동안만 해당된다).

우르바누스 사역 비교 2010 - 2015

구분		2010	2011	2012	2013	2014	2015	6년 합계
복음의 씨를 뿌림	복음 제시	57,782	53,149	229,291	584,854	598,845	858,891	2,382,812
	영접 초청	11,988	18,419	164,240	400,000	343,795	528,445	1,466,887
열매	영접한 자	2,343	2,921	5,975	11,560	8,208	14,222	45,229
	침(세)례 받은 자	1,002	1,246	3,665	6,249	4,733	6,698	23,593
모임	새로운 그룹	54	67	118	158	133	169	699

나	보시다시피, 제로-to-원(zero-to-one) 단계에서 협력과 촉진의 단계로 넘어갈 때, 숫자가 치솟는 것을 볼 수 있습니다. 이런 변화는 3년차 1월에 발생했습니다. 그때까지, 우리는 촉진하는 사역을 해 왔지만, 우리는 대부분 제로-to-원 사역에 집중했습니다. 만일 우리가 새로운 리더의 숫자를 늘리지 않았다면, 교회 개척은 정체되었을 것입니다. 그런 현상이 5년차에 그대로 나타났습니다.
그들	어떻게 해서 교회 개척사역이 줄어들게 되었나요?
나	교회 개척사역이 줄어들게 된 주된 이유는 리더의 부족입니다. 그래서 여러분들이 이곳에 와 계신 것입니다. 지금 우리와 함께 동역하는 교회를 인도하기 위해서는 8천 명의 리더가 필요합니다. 그러나 현재는 5천 5백 명에 불과합니다. 적은 수의 리더들이 너무 많은 교회들을 맡아서, 설교하고, 소그룹을 인도하고 있습니다.
그들	전체 전략 속에 우리가 어떤 위치에 있는지 알게 되니 도움이 됩니다. 이 통계들을 어떻게 수집하나요?
나	솔직히 통계를 얻기가 쉽지 않습니다. 일단 영적 4세대를 넘기게 되면, 그 후에는 어떤 일이 일어나는지 알 수 없습니다. 그래서 그 이상은 통계를 잡을 수 없습니다.
그들	여기서 사용된 용어의 의미는 무엇인가요?
나	그룹은 교회인데요, 침(세)례를 행하는 교회입니다. 침수는 침(세)

례, 전달과 응답 기회의 차이는 초청을 했는지의 여부입니다. 단지 복음을 전달하는 것과 "그리스도를 믿겠습니까?" 라고 초청하는 것은 다릅니다. 누군가에게 "그리스도를 믿겠습니까?" 라고 초청한 후에 응답할 기회를 줘야 합니다. 전도지를 나누어 주고, 복음을 전하는 사람은 많이 있지만, 복음 전체를 말하고, 예수님을 믿겠느냐고 물어보는 것까지 하는 사람들은 많지 않습니다.

그들   어떻게 그렇게 많이 복음 증거를 할 수 있습니까?

나   모든 사람들이 참여하도록 해야 합니다. 일차적으로 복음전도에 책임 있는 자들은 새신자들입니다. 리더들만으로는 이 숫자를 감당할 수가 없습니다. 통계 숫자를 보면 금방 이해할 수 있습니다. 첫 2년간의 기록을 보십시오. 그때의 전도는 우리 동료들과 교회 리더들이 한 것들입니다. 3년치에서 변화가 나타나는데, 그리스도인들이 매일 적극적으로 전도하기 시작한 것들의 평균 숫자입니다.[23] 수많은 사람들이 그리스도를 믿게 되었고, 현지 동역자들은 침(세)례 받은 사람들만 믿는 자의 숫자에 넣었습니다. 그들이 했던 모든 사역을 숫자로 계산한다는 것은 불가능한 일입니다. 오직 성령님만이 아십니다. 하지만 이 통계 숫자는 우리가 어디에 전략적 초점을 두어야 하는지를 알게 해 주는

---

23) 대화 15를 보면 더 많고 자세한 정보를 알 수 있다.

	지표가 될 수 있습니다.
그들	이런 일들이 미국에서도 일어나면 좋겠습니다.
나	될 수 있습니다. 그렇게 되어야 합니다.

 이와 같은 하나님의 역사가 서구에서도 일어날 수 있고 일어날 것이라고 믿는다. 이것이 바로 이 책을 저술하는 목적이다. 아시아의 형제, 자매들로부터 배운 귀한 교훈들을 다시 서구로 가져가서, 서구의 형제, 자매들도 하나님께서 부르셔서 하라고 하신 것들을 하고, 되라고 하신 자가 될 수 있기를 바란다.

28
"선교사는 왜 전략으로 교회를 도와야 하나?"

아시아의 어느 추운 겨울날, 여러 선교단체에서 온 많은 동료들이 선교 계획과 전략들을 논의하고 있었다. 내가 발표했던 내용들 중 하나는 우리의 전략과 훈련 모듈을 동아시아 이외의 지역에서 훈련할 수 있는 기회를 갖자는 것이었다. 동아시아에서 배운 것들을 통해 동아시아 이외의 현지 동역자을 훈련할 수 있는 방법들을 모색하고 싶었다. 그때 몇 가지 놀라운 제안들을 들을 수 있었다.

다수 동료 우리가 미국, 한국, 싱가폴과 같은 선교 파송국의 교회들에게 가서 그들을 돕는 것은 우리의 역할이 아니라고 생각합니다. 우리가 그들에게 무엇을 줄 수 있습니까? 여기서도 할 일이 너무 많지 않습니까?

나 줄 것은 많이 있습니다. 제 말은 우리에게 서구 교회가 선교에 있어서 알아야 할 모든 것에 대한 답을 가지고 있다거나, 어떻게 사역해야 하는지 대안을 가지고 있다는 것이 아닙니다. 우리에게는 전략적 계획과 특별한 열정이 있다는 것입니다. 다문화 선교사로서 우리는 현지 문화 속에서는 '이방인' 입니다. 하지만 현지인들을 훈련하여 제자 삼는 일을 어떻게 해야 하는지를 알고 있습니다. 서구의 교회들과 그 외 다른 지역의 교회들도 어느 정도는 이방인이라 할 수 있습니다. 우리가 서구의 형제, 자매들과 같이 있을 때는 더 이상 이방인이 아닌 현지인이 됩니다. 선교사인 우리는 현지 적응을 잘할 수 있고, 우리의 행습과 전통을 충분히 재고할 수 있기 때문에, 자신의 문화를 통해서 하나님의 말씀을 잘 이해할 수 있습니다. 미국이나 한국과 같은 열린 나라에 사는 동역자들은 그런 능력이 부족하고, 상황화하는 능력이 떨어지기 때문에, 신학, 가설, 실천을 이해할 때 하나님의 말씀보다 사람의 전통과 문화의 관점으로 이해하려는 경향이 있습니다. 이것은 그들이 신앙을 실천하는 것에 약점이 있다는 것을 보여 줍니다. 개방된 나라의 선교 협력교회들이 못하는 것이 바로 이것입니다. 이것은 아시아에 있는 우리 동역자들에게 있어서도 똑같은 어려움입니다.

동료1   만일 내가 목사님에게 가서 "무엇을 도와드릴까요?" 라고 묻는다면, 자기를 교만한 사람으로 보고 나의 도움을 거절할 것입니다.

나   우리는 그런 식으로 요청하지는 않을 것입니다. 우리가 문제에 대한 모든 해답을 가지고 있는 것은 아니지만, 공헌할 수 있는 부분은 있습니다. 우리는 아시아 형제, 자매들로부터 많은 것을 배웠습니다. 우리가 배운 것을 다른 지역에 있는 형제, 자매들에게 나누어 줄 의무도 있습니다. 교회에서의 우리 역할은 에베소서 4:11-12에 나오는 것과 같이 성도들을 구비시키는 것입니다. 만일 우리가 파송 교회에 기도, 물질, 사람을 보내달라고 요청하는 대신에, 우리가 자원해서 교회를 섬기겠다고 한다면 얼마나 놀라겠습니까? 그럴 때 어떤 문제가 생길까요?

동료2 당신이 말하는 바는 사실이지만, 그러나 여기서의 우리의 역할은 현재 우리가 하는 일만으로도 벅차지 않습니까?

나 우리는 여기서 더 많은 일을 해야 합니다. 재생산의 개념을 이해하고 실천하는 것 외에는 다른 대안은 없습니다. 우리 팀은 전부 5명인데, 닫힌 이 나라에서 우리가 사역할 대상은 3천 5백만 명입니다. 개방된 나라에서는 이와 같이 어마어마한 상황에 처한 교회는 없습니다. 8년 전에 몇 명의 침례교 학생사역 팀장들이 우리 부부를 방문한 적이 있었습니다. 그들은 우리 도시에 있는 대학 캠퍼스를 어떻게 사역 목표로 삼고 일하는지를 보러 왔습니다. 우리의 역할은 하나의 캠퍼스를 목표로 하지만, 100만 명 전체를 목표로 사역한다고 말했습니다. 그 말을 들은 그들은 무척 당황했습니다. 미국에서는 전임 사역자가 캠퍼스 하나 만을 위해 일하고 있습니다. 그리고 미국의 캠퍼스는 아시아와 같이 그렇게 크지도 않습니다. 그들은 또한 여러 가지의 형태로 그들을 후원하는 지역 교회들이 많이 있습니다. 우리는 도시 전체를 대상으로 사역합니다. 미국은 이곳과는 달리 재생산의 방식 없이도 캠퍼스 안에서 영혼들을 찾아가서 사역하는 것이 수적으로도 가능합니다. 그러나 여기서는 그 많은 사람들을 대상으로 사역한다는 것은 불가능합니다. 여기서는 아주 강력한 재생산의 방식을 사용해야 합니다. 몇 년간을 이렇게 사역하면서 아주 소중한 교훈을 배웠습니다. 우리를 파송한 많은 교회들이 힘든 상태에 있고, 수가 줄어들고 있으며, 어려움을 겪는 것을 봤습니다. 만일 우리의 훈련 방식대로 그들을 훈련을 받는다면, 그들에게 어떤 일이 일어나겠습니까? 우리와 더 잘 협력할 수 있지 않겠습니까? 그 지역에서 사람들을 더 많이 전도하게 되지 않을까요? 더 큰 축복이 임하지 않을까요?

그들 당신이 지금 하는 일을 계속 해야 한다고 생각합니다. 우리가 어떻게 그런 능력을 가지고 일할 수 있을지 잘 모르겠습니다.

나 우리가 하는 만큼 똑같이 섬겨야 할 필요는 없습니다. 만일 우리의 파송교회들이 하나님의 궁극적 비전을 가지고 추진해 나간다면, 여기서도 얼마나 큰 힘이 되겠습니까? 파송교회에게 단지 기도해 주고, 헌금해 주고, 참여해 달라고 요청하는 대신에, 파송교회와 어떻게 밀접하게 사역할 수 있을지를 한번 생각해 보십시오. 이에 대한 구체적인 계획은 아직 없습니다. 하지만 파송

교회 동역자들에게 사역에 필요한 자원을 보내달라고 요청하는 대신 어떻게 그들을 섬길 수 있을지 물어본다면 어떤 일이 일어날지를 상상해 보십시오. 저는 선교사를 파송하는 나라의 교회들에게 이 질문을 여러 번 했었는데, 대답은 항상 긍정적이었습니다. 우리의 사명은 축복하고 사랑하고 섬기고 권면하는 것입니다. 그리하여 형제, 자매들이 하나님이 부르신 대로 부르신 자가 되고, 부르신 일을 하게 하는 것임을 기억하십시오. 이것은 서구나 아시아나 아무 차별 없이 사실입니다.

이 모임이 끝난 후에, 낙심하고 좌절하기도 했지만, 그것이 나에게 도전을 주었다. 다른 동료들과 상의하기도 했고, 다른 지역에서 훈련할 기회가 있을 때마다 '예'라고 대답할 수 없다는 것을 알고 있다. 그것이 사실이지만, 뭔가를 해야 한다는 것은 내게 있어 의무이고 특권이다. 내가 항상 생각하는 것은 '나는 지금 나의 시간과 노력을 통해 하나님 나라를 확장하는 일에 최선을 다하는가?' 하는 문제이다. 그 대화가 있은 이후, 우리는 훈련 가이드와 웹사이트를 만들었다. 비디오를 개발했으며 서구에서 여러 훈련을 실시했다. 그래서 지금도 책을 쓰고 있고, 더 많은 청중들을 위해서 같은 일을 하고 있다. 우리는 모든 사람들의 얼굴을 대면하여 볼 수는 없지만, 하나님께서 아시아에서 우리의 현지 동역자들을 통해 하신 놀라운 일들을 말할 수는 있다. 우리는 복이 되기 위해 복 받은 자로서 최선을 다할 뿐이다.

29 "동원"

    이 대화는 두 개가 하나로 통합된 것이다. 두 개의 이야기가 이어지면서 서로 보완해 준다. 두 경우 모두, 선교 파송국에서 온 교회 리더들과 현지 동역자들이 동아시아에서 하는 사역에 관해 대화하고 있었다. 역시 두 경우 모두 식당에서 음식을 먹고 있었고, 나와 대화했던 사람들은 여러 번 우리를 도우러 왔던 헌신된 동역자들이었다. 한 동역자는 전에 그의 교회에서 훈련을 한 적이 있었던 형제였다. 또 한 다른 동역자는 미국 교회에서 처음으로 훈련하기 위해 준비하고 있는 형제였다. 두 경우 모두, 그들의 나라에서 그들의 사역을 어떻게 도울 수 있을지를 내게 물었다.

나   당신에게 제일 필요한 것이 무엇인가요?

그들   전략입니다. 선교사의 전략적 관점으로 우리 도시를 어떻게 봐야 하는지 배우고 싶습니다. 당신은 그런 관점으로 사역하는 훈련을 잘 받아 오신 줄 압니다. 당신은 하나님께서 당신에게 주신 자원이 무엇이든지 그것을 가지고 궁극적 목표에 도달하는 전략을 세워 사역하시는 것을 보았습니다. 우리 교회는 바로 그것이 필요합니다.

동역자1 이후에 당신이 우리 나라에 와서, 우리 교회에서 잠시 머물다 가면 좋겠습니다. 6개월 동안 우리와 같이 지내면서 내부의 사역을 배우길 원합니다. 또한 우리 도시에 효과적으로 다가가기 위해, 우리가 어떻게 전략을 수정해야 할지 알려주시기 바랍니다. 더불어 우리의 도시에 더 잘 다가가기 위해서 우리가 무엇을 해야 하는지 도와주시기 바랍니다.

동역자2 당신이 무엇을 말하고 있는지 이해됩니다. 우리 지방회와 교회에 있는 사람들이 이 일에 동참했으면 좋겠습니다. 당신의 전략과 융통성 있는 계획이 우리에게 큰 유익이 될 것 같습니다.

동역자1 당신의 비전 제시와 하나님 나라 확장 전략이 마음에 듭니다. 제자훈련과 리더 개발을 위한 세 개의 다리 전략도 훌륭합니다. 건강한, 지속적인, 재생산하는 교회라는 세 개의 렌즈로 전략을 세우고, 이 목적에 맞는 자료를 사용한다면 효과가 아주 클 것입니다. 저는 우리 교회가 잃어버린 영혼들에게 효과적으로 접근하기를 바랍니다, 당신이 우리 교회에 온 이후로 우리는 가정 교회를 시작했고, 형제들을 세우게 되었습니다. 다음 단계의 훈련이 필요합니다.

동역자 2 우리 교회와 우리가 후원하는 교회 동역자들이 효과적으로 사역하기를 원합니다. 열방이 우리에게 다가오고 있는데, 우리는 이 현상을 선교적 관점으로 봐야 합니다. 여러분 모두는 여기서 그 일을 하고 있고, 우리는 밖에서 그 일을 하고 있습니다. 느리게 성장해야 한다는 개념은 맞지 않습니다. 주님의 일에 위해서, 잃어버린 영혼을 위해서는 배가 증식되도록 의욕적으로 일해야 합니다.

나 저도 그렇게 하려고 스스로 노력하고 있으며, 할 수 있는 한 모든 일을 하려고 합니다. 무엇보다 가장 큰 장애 요인은 시간이지만, 저는 돕고 싶습니다. 우리는 여러분들이 우리를 섬긴 것처럼, 우리도 최선을 다해 성실하게 섬길 것입니다. 그래서 우리는 모든 자료들을 무료로 사용할 수 있도록 만들었습니다. 무료라면 얼마든지 재생산할 수 있습니다. 그리고 무료는 모두가 좋아하는 가장 좋은 친구입니다.

동역자 1 만일 당신이 사역하는 곳에 당신과 오래 동안 함께 지낼 수 있는 사람이 파송된다면, 그 사람은 당신이 하는 일에 곧 익숙해질 것입니다. 또한 당신과 함께 효과적으로 사역할 수 있을 것입니다. 우리 형제, 자매들이 당신의 전략에 익숙해진다는 것은 매우 유용한 일이 될 것입니다. 그리고 여기에서도 그 전략을 잘 활용할 수 있을 것입니다.

동역자 2 당신의 다음 방문을 계획해 봅시다. 훈련 진행과정과 내용을 정해 주시면 곧 실행하도록 하겠습니다. 좋은 훈련이 될 것을 믿습니다.

나　모두에게 『비전제시』, 『건강한 교회』, 『KGS1』에 대한 개요를 보여 주면 좋을 것 같습니다.

동역자2 **좋아요. 그렇게 합시다.**

우리는 좋은 분위기 속에서 대화를 마무리했다. 아직도 떠나지 못하고 그곳에 남아있던 하나님께서는 오늘도 복음없이 죽어가는 세상의 잃어버린 수많은 영혼들에게 건강한 리더를 통해 왕성하게 복음을 전하게 하시고, 건강하고, 지속적이고, 재생산하는 교회를 찾으셔서, 하나님 나라를 자라게 하신다는 것을 의심치 않는다. 이것이 진정한 동원 사역임을 믿는다.

30 "자격 없어도 전하라"

새벽 2시에 잠자리 들면서 이 책에 대해 생각해 보았다. 아시아에서의 첫 5년의 선교사역을 돌이켜 볼 때, 나는 정말로 선교사로 불려질 자격 없는 자였음을 부인할 수 없다. 하나님께서 참된 선교사를 부르셨다면, 아시아에서의 이 사역은 이보다 훨씬 효과적이고 효율적으로 완성되었을 것이다.

아내와 내가 참으로 놀랄 수 밖에 없었던 이유는 하나님은 부족한 우리를 사용하셔서 하나님의 놀라운 일을 하셨기 때문이다. 수 천 명의 영혼들이 주님께 돌아오는 것을 내 인생에서 경험한다는 것은 상상도 못했던 일이었다. 감사하게도 나는 지금 몇 달 째 이것을 목격하고 있다. 그 소중한 사람들과 함께 사역하게 되었다는 것을 전에는 꿈도 꾸지 못했었다. 이제 그들이 나에게 도움을 청하고, 조언을 구한다. 이 모든 것은 하나님의 은혜이고, 하나님의 솜씨이다. 우리는 이런 일을 할만한 사람이 전혀 아니다. 20년 전에, 우리는 나이트

클럽에서 데이트를 시작했다. 우리는 우리 자신만을 위해 무질서하게 살았던 사람들이었다. 하나님의 놀라운 사랑과 용서로 우리의 삶을 완전히 변화시킨 것은 바로 복음이었다.

나(Me) 너는 왜 아직도 잠 못 이루고 있니?

자신(Myself) 바보같이, 너 또 혼자서 상상하고 있구나. 어서 자야지.

나(I) 네 책 속에 이 내용을 써야겠다고 생각하지 않았니? 사람들은 네가 제 정신이 아니라고 생각할지도 몰라.

나(Me) 그렇겠지!

자신(Myself) 사실이야.

나(I) 우리가 여기서 경험한 것들이 정말 다른 사람들과 나눌 만한 것들인지 잘 모르겠어. 선진 교회들이 원하는 것이 세련되고, 잘 포장되어 있고, 수익성 있는 것들인데, 이 책은 전혀 그렇지 않잖아? 어떻게 하지?

나(Me) 그렇다면 어리석은 짓이지. 더 어리석은 짓이 뭔지 아니?

자신(Myself) 뭘까?

나(I) 가로 줄무늬를 가진 얼룩말이야. 가로 줄무늬를 가진 얼룩말은 소리 없이 다니잖아? 그런 얼룩말이 들판을 가로질러 달려도 눈에 띄지 않을 거야.

나(Me) 바코드만 하겠어? 내가 뭘 하는 거지? 시간 낭비할 수는 없지. 이제 자자.

자신(Myself) 다 털어 놔!

나(I) 좋아, 다 털어놓자. 우리가 배운 것이 서구 교회에 꼭 필요하다고 생각해. 시간과 에너지가 필요하겠지. 하지만 모험할 가치는 있어. 서구 교회가 이 자료와 전략에 관심이 없다 해도, 최소한 정신 운동은 되겠지.

나(Me) 그건 사실이야.

자신(Myself) 나사 화성 탐사선이 지구상에 존재하는 그 어떤 것보다 강력한 새로운 원소를 발견할 수 있을지 그건 모르는 일이잖아? 현재 사용되는 것보다 가볍고 강한 재료로 무엇을 할 수 있지? 저온으로 형성되고, 고속으로 생성될 수 있을까? 기둥 없는 마천루, 급조할 수 있는 외장과 바닥을 상상해 봐. 혁신적 건설 산업이 되겠지.

나(I) 잠이나 자자!

나(Me) 그래, 자야 해. 내일도 할 일이 너무 많잖아.

자신(Myself) 넌 좀 괴짜야.

나(I) 나를 탓할 수는 없겠지. 내가 지금 뭘 하는 거지?

나(Me) 맞아. 잠이나 자라, 괴짜야!

자신(Myself) 잘 자, 괴짜!

나(I): 너도 잘 자, 괴짜!

아내와 나는 우리가 하는 이 일에 적합하지 않은 자라는 것을 알고 있다. 그러나 그리스도의 능력은 약할 때 더 강해진다. 그래서 우리는 목표를 향해 달려가고 있다. 그리고 모든 무거운 것과 얽매이기 쉬운 죄를 벗어 버리고 우리 앞에 놓인 경주를 인내와 성령의 능력으로 감당한다. 우리가 하나님을 알고, 하나님의 이름을 알게 하고자 애쓸 때 흥분된다. 또한 우리를 통해서 하나님의 이름만이 온전히 영화롭게 되기를 끊임없이, 적극적으로 구할 때, 우리의 심장이 뛴다. 원수는 우리를 멸하려 하고, 세상은 우리를 무너뜨리려 하고, 우리의 육신은 우리를 대적하려 한다. 그러나 세상에 있는 자보다 더 크신 분, 우리 안에서 착한 일을 시작하신 이가 예수 그리스도의 날까지 우리를 흠 없이 보전하실 것을 안다. 그리스도께서 다시 오실 때, 죽음을 이기고, 새로운 몸을 입게 됨을 알기 때문에, 선을 행하되 낙심하지 않고, 오직 권하여 더욱 그렇게 할 수 있다.

성령의 능력으로 하는 모든 일들은 하나님께 찬양과 감사로 드려지게 될 것이다. 우리는 그의 만드신 바다. 그리스도 예수 안에서 선한 일을 위하여 지으심을 받은 자이다. 그리고 이 일은 하나님이 전에 예비하셔서 우리로 그 가운데서 행하게 하신 것이다. 하나님의 능력이 모든 믿음과 선행을 완전하게 하며, 왕의 왕이시고 주의 주 이신 그리스도 예수, 다시 오실 예수님을 인내로 기다릴 때, 예수님의 이름만이 높임을 받을 것이다.

밤낮으로 하나님을 섬기는 자에게 이 세상의 모든 영광은 영원한 곳에 예비된, 비할 수 없이 풍성한 것에 비추어 볼 때, 땅의 티끌에 불과한 것임을 알고 기뻐한다. 우리에겐 태양도 필요치 않다. 하나님이 우리의 빛이 되시기 때문이다. 이 세상의 모든 고통과 우리를 분노하게 만드는 세상의 불의도 영원한 위로자이신 우리 하나님과 함께 있을 때 모두 사라질 것이다.

나의 온 몸으로 외치리라. "뜻이 하늘에서 이룬 것 같이 땅에서도 이루어지이다. 주 예수님 오시옵소서! 아멘."

실제적 적용

괴짜 선교사의 기도!

여러분이 하나님께 드리는 이 기도를 읽기 바랍니다. 여러분 자신을 위해서, 이 모든 것을 믿으십니까?

"하늘에 계신 아버지, 아버지께서 항상 원하신 모든 것을 하지 못했음을 고백합니다. 아버지께서 되기 원하는 자가 되지 못했음을 고백합니다. 제 마음대로 살았음을 고백합니다. 저를 용서해 주세요. 예수님이 내 죄를 위해 죽으시고 죽음에서 부활하셨음을 믿습니다. 내 삶을 변화시켜 주셔서 아버지께서 부르셔서 되기 원하시는 자가 되고, 하기 원하시는 것을 하는 그런 삶을 살게 해 주세요. 예수 그리스도만이 나의 주님이며, 구세주이십니다. 영원히 아버지의 자녀가 되길 원합니다. 예수님의 이름으로 기도합니다. 아멘."

위의 기도에 동의하며, 당신이 하나님의 자녀가 됨을 동의하면, 하나님께 드리는 다음의 기도를 읽으세요. 여러분 자신을 위해서, 이 모든 것을 믿으십니까?

"하늘에 계신 아버지, 아버지의 능력은 약한 데서 완전해짐을 압니다. 우리는 목표를 향해 달려가고 있고, 모든 무거운 것과 얽매이기 쉬운 죄를 벗어 버리고, 우리 앞에 놓인 경주를 인내와 성령의 능력으로 감당하고자 합니다. 우리가 하나님을 알고, 하나님의 이름을 알게 하고자 애쓸 때, 우리 안에서, 우리를 통해서 하나님의 이름만이 온전히 영화롭게 되기를 끊임없이, 적극적으로 구할 때, 우리의 심장이 뜁니다. 원수는 우리를 멸하려 하고, 세상은 우리를 무너뜨리려 하고, 우리의 육신은 우리를 대적하려 하나, 세상에 있는 자보다 더 크신 분, 우리 안에서 착한 일을 시작하신 이가 예수 그리스도의 날까지 우리를 흠 없이 보전하실 것을 압니다. 그리스도께서 다시 오실 때, 죽음을 이기고, 새로운 몸을 입게 됨을 알기 때문에, 선을 행하되 낙심하지 않고, 오직 권하여 더욱 그렇게 할 수 있습니다.

성령의 능력으로 하는 모든 일들은 하나님께 찬양과 감사로 드려지게 될 것입니다. 우리는 그의 만드신 바입니다. 그리스도 예수 안에서 선한 일을 위하여 지으심을 받은 자이고, 이 일은 하나님이 전에 예비하셔서 우리로 그 가운데서 행하게 하신 것입니다. 하나님의 능력이 모든 믿음과 선행을 완전하게 하며, 왕의 왕이시고 주의 주 이신 그리스도 예수, 다시 오실 예수님을 인내로 기다릴 때, 예수님의 이름만이 높임을 받을 것입니다.

　밤낮으로 하나님을 섬기는 자에게 이 세상의 모든 영광은 영원한 곳에 예비된, 비할 수 없이 풍성한 것에 비추어 볼 때, 땅의 티끌에 불과한 것임을 알고 기뻐합니다. 우리에게 태양도 필요치 않습니다. 하나님이 우리의 빛이 되시기 때문입니다. 이 세상의 모든 고통과 우리를 분노하게 만드는 세상의 불의도 영원한 위로자이신 우리 하나님과 함께 있을 때 모두 사라질 것입니다.

　나의 온 몸으로 외칠 것입니다. "뜻이 하늘에서 이룬 것 같이 땅에서도 이루어지이다. 주 예수님 오시옵소서! 아멘."

　이 기도가 당신의 마음을 담고 있습니까? 그렇다면, 이렇게 기도하고, 이렇게 사십시오.

30
재생산 키워드

초판 1쇄 발행 2018년 11월 5일

지은이	J. J. 파머
옮긴이	설훈

발행인	이요섭
편집장	권혁관
담당편집	강성모
디자인	조운희
제작	박태훈
영업	김승훈, 김창윤, 이대성, 정준용
	이영은, 김경혜, 최우창, 백지숙

펴낸 곳	요단출판사
등록	1973. 8. 23. 제13-10호
주소	07238) 서울특별시 영등포구 국회대로 76길 10
기획 문의	(02)2643-9155
영업 문의	(02)2643-7290
	Fax(02)2643-1877
구입 문의	인터넷서점 유세근
	요단인터넷서점 www.jordanbook.com

ⓒ 요단출판사 2018

값 12,000원
ISBN 978-89-350-1720-1 03230

이 책의 한국어판 저작권은 요단출판사가 소유하고 있습니다.
출판사의 사전 승인 없이 책의 내용이나 표지 등을 복제, 인용할 수 없습니다.